片柳弘史
Katayanagi Hiroshi

あなたはわたしの愛する子

心にひびく聖書の言葉

教文館

はじめに

「あなたはわたしの愛する子、わたしの心に適う者」、イエスが洗礼を受けて水から上がったとき、この言葉が天から響きました。神の独り子でありながら人間としての弱さを認め、罪人たちの列に並んだイエスに、神さまは「それでこそわたしの子ども。それでいいんだよ」と天からエールを送ったのです。

人生の道に迷い、苦しみ、ぼろぼろに傷つきながら、救いを求めて聖書を開くわたしたちにも、神さまは同じ言葉をかけてくださいます。聖書を開くとき、ページの向こう側からわたしたちに「あなたはわたしの愛する子、わたしの心に適う者」という声が響くのです。この言葉こそ、聖書全編の要約ではないかとさえわたしは思っています。神さまは、救いを求めて聖書という故郷に戻って来るわたしたちを、どんなときでも自分の子どもとして優しく迎え入れ、抱きしめてくださるお父さまなのです。

聖書には、ときどき理解しにくい箇所が出てきます。「イエスはなぜこんなことを言うのだろう」「いくら神さまでも、これはおかしいのではないか」と苦情を言いたくなるような箇所と出会うことがあるのです。でもそれは、神さまの愛がわたしたちの理解をはるかに越えているからに他なりません。悔い改める罪人を無条件にゆるし、受け入れる神さまの愛は、業績によって評価され、働きに応じて報われることを当然とする現代社会に生きるわたしたちにとって、理不尽に見えることがあるのです。

そのような聖書の難しさを解きほぐし、神さまの愛のメッセージをきちんと伝えるのが神父の使命だとわたしは思っています。この説教集を通して、神さまの愛が皆さんの心にまっすぐ届きますように。

※本文中に引用した聖句と略記は基本的に新共同訳に従いました。ただし、読みやすさを考慮し、改行した箇所もあります。

もくじ

2 喜びの福音

3 使命を生きる

4　神の栄光のために

装画　にしだあつみ
装丁　後藤葉子

1　信仰によって

初めに愛があった

初めに言があった。言は神と共にあった。言は神であった。
この言は、初めに神と共にあった。万物は言によって成った。
成ったもので、言によらずに成ったものは何一つなかった。
（ヨハ1・1―3）

創世記とは違った角度から語られた、世界の創造についての記述です。ちょっと難しい表現をしていますが、この箇所には、人間とは何かということ。そして、人間はどうすれば救われるのか、幸せになれるのかの答えが要約されているように思います。もっと簡単な言葉に言い替えてみましょう。

初めにあった言《ことば》、それは愛と読み替えてもよいでしょう。神の言は愛であり、愛は神そのものなのです。「万物は言によって成った。成ったもので、言によらずに成ったものは何一つなかった」ということはつまり、「すべてのものは愛から生まれてきた。愛されずに生まれてきたものなど、何一つない」ということです。わたしたち一人ひとりも、例外ではありません。わたしたちは、神さまの満ちあふれる愛の中から生まれてきた、神さまの子どもなのです。この愛こそが、わたしたちを生かす力、わたしたちの命だと言ってもよいでしょう。「わたしは神さまから愛された、かけがえのない存在。わたしの人生には意味がある」という確信こそが、わたしたちが生きてゆくための力、わたしたちの命なのです。「言の内に命があった」（ヨハ１・４）とはそういうことだと思います。

愛から生まれてきた人間は、愛を生きること、互いに愛し合うことによってのみ幸せになることができます。ところが、その当たり前の事実を覆い隠すものがあります。「人のことまでかまっていられない。自分さえよければよい」というわがままや、「あんな人は絶対にゆるせない。いなくなってしまえばよい」という憎しみなどが、わたしたちを愛から遠ざけてしまうのです。わたしたちを愛から遠ざけるもの、それを闇と呼んでよいでしょう。互いに競い合い、憎み合う闇の中で、わたしたちは自分の本来の姿を少しずつ忘れてゆきます。自分が神さまの愛の中から生まれてきたかけがえのない命、かぎりなく尊い命であることを忘れ、互いに愛し合うのをやめてしまうのです。

そんなわたしたちを見るに見かねて、愛そのものである神さまご自身が、人間となってこの世界に現れました。「言は肉となって、わたしたちの間に宿られた」（ヨハ1・14）のです。神の愛そのものであるイエス・キリストは、わたしたち一人ひとりが神さまの愛の中から生まれてきたかけがえのない存在であること。競い合う必要などまったくないということ。互いに愛し合うことによってのみ、人間は幸せになれるのだということを思い出させるために、この世界にやって来られたのです。

　イエスと出会い、「あなたはかけがえのない神さまの子どもだ」という真実を告げられた人たちの顔は、喜びであふれました。喜びにあふれた神さまの子どもたちの間に、愛の輪がどんどん広がってゆきました。それこそ、「肉となった言」の栄光です。喜びと力に満ちて輝く人間たちの姿こそ、神さまの栄光なのです。神さまの栄光を、わたしたちの間から始めて全世界に広げてゆけるよう、心を合わせて祈りましょう。

命は光であった

言の内に命があった。
命は人間を照らす光であった。
光は暗闇の中で輝いている。
暗闇は光を理解しなかった。

（ヨハ1・4―5）

「言の内に命があった。命は人間を照らす光であった」とヨハネは言います。神のことばが愛だとすれば、愛の中には生かすための力、すなわち命が宿っているのです。この命は光となって、わたしたち一人ひとりの中に、生きとし生けるすべてのものの中に輝いています。すべての命は輝いているのです。その光は、わたしたち自身を照らすため、そしてまた互いを照らし合うために灯されました。ところが、「暗闇は光を理解しなかった」と言われている通り、わたしたちは、命の中にキリストの光が輝いていることに気づかないまま生きていることが多いのです。

命が輝いているということを、わたしたちに一番はっきり知らせてくれるのは、たとえば、先日、東京でフランシスコ教皇から祝福を受けた、車いすのMくんでしょう。Mくんは、言葉で自分をアピールしたり、派手な服を着て人の注目を集めたりすることはありませんが、わたしたちの心を惹きつけます。それは、Mくんの中に命の光、キリストの光が輝いているからでしょう。Mくんを見ていると、わたしたちの心に生きるための力が湧き上がってきます。見ているうちにだんだん心が温かくなり、「よし頑張ろう」と思えるのです。それは、Mくんの中に命が輝いているからだと思います。命の光を見つめるとき、わたしたちの心は、生きるための力で満たされるのです。

これは、実はMくんだけに限りません。わたしたちの命は、生きている限り、わたしたちの中で輝き続けているのです。皆さんも、わたしも、一人ひとりが、世界にたった一つだけの自分の光を放って輝く、かけがえのない命なのです。ところが、わたしたちはそのことに気づきません。そこで、自分を何とか輝かせよう、人目を引こうとして人と競争し始めます。たくさんの物を手に入れてそのことを自慢したり、財産や地位を誇ったり、人を見下したりし始めるのです。結果として、命の光は遮られてしまいます。自分で自分を輝かせようとして、かえってわたしたちは輝きを失ってしまうことが多いのです。輝くために、何かを手に入れたり、大きな業績を上げたりする必要はありません。命を輝かせるためには、与えられた命を、ただ精いっぱいに生きればよいのです。

フランシスコ教皇は、すべての命の中に輝く愛の光、キリストの光を見通すまなざしのことを「祈りのまなざし」と呼びました。誰かを外見や地位、身分、能力などによって判断するのが「世間のまなざし」だとすれば、「祈りのまなざし」とは、目には見えないその人の本当の姿、神の子としての姿を見通すまなざしのことです。「祈りのまなざし」で自分を見るとき、わたしたちは自分の中に命の光、キリストの光が灯っていることに気づきます。自分の命は、世界でたった一つのかけがえのない命だと気づくのです。「祈りのまなざし」で相手を見るとき、わたしたちは相手の中にも命の光、キリストの光を見ます。そして、その光を大切に守らずにいられなくなるのです。

神さまは、わたしたちを照らすために、わたしたち一人ひとりの中に命の光を灯してくださいました。その光に気づき、その光を守ってゆくことができるように祈りましょう。

心に愛の火をともす

わたしよりも優れた方が、後から来られる。
わたしは、かがんで
その方の履物のひもを解く値打ちもない。
わたしは水であなたたちに洗礼を授けたが、
その方は聖霊で洗礼をお授けになる。

（マコ1・7―8）

洗礼者ヨハネは「わたしは水であなたたちに洗礼を授けたが、その方は聖霊で洗礼をお授けになる」と言います。聖霊による洗礼とは、一体どんなものなのでしょう。水による洗礼と、どこが違うのでしょうか。

イエス自身の洗礼の場面を思い出してみれば、きっと答えが見つかると思います。イエスは、ヨハネから水による洗礼を受けました。それは、水によって体と心から罪の汚れを洗い落とすための洗礼です。古い自分に死んで、新しい自分に生まれ変わるということの象徴でもあります。イエス自身に罪はありませんでしたが、さまざまな弱さを抱えた人間の一人として罪びとの列に並び、水による洗礼を受けたのです。

イエスが水から上がると、天から鳩のような姿で聖霊が下り「あなたはわたしの愛する子、わたしの心に適う者」（マコ１・11）という声が響きました。これが、聖霊による洗礼です。霊と言葉によって神の愛を注がれ、イエスは喜びと力で満たされました。そして、救い主としての人生の第一歩を踏み出したのです。

イエスの名によって洗礼を受ける者にも、同じことが起こります。洗礼の水を受け、罪の汚れから清められるとき、わたしたちの心の奥深くから、「あなたはわたしの愛する子、わたしの心に適う者」という声が響くのです。その声を聞くとき、わたしたちの心は神の愛で満たされ、わたしたちは新しい命に生まれ変わります。聖霊による洗礼は、火の洗礼とも呼ばれますが、それは、聖霊の恵みによってわたしたちの心が燃え上がるからです。傲慢や憎しみ、妬み、いらだちなどは聖霊の火によって焼き尽くされ、心には謙遜と優しさ、寛容、安らぎだけが残ります。

聖霊による洗礼の恵みは、洗礼を受けたときだけでなく、わたしたちが自分の罪深さを認めて神の前に跪くたびに与えられます。そのたびに、神さまはわたしたちに優しく「あなたはわたしの愛する子、わたしの心に適う者」と語りかけてくださるのです。聖堂で跪くたびに、家で祈るたびに、心の奥深くからこう語りかけてくださるのです。その言葉を聞くとき、わたしたちの心は喜びと力で満たされます。だからこそ、わたしたちは、あらゆる困難や苦しみを乗り越え、進んでゆくことができるのです。それこそが、キリスト教の救いの核心だと言ってよいでしょう。

「あなたによってわたしの輝きは現れる」とイザヤ書（49・3）は言います。目に見えない神の愛は、わたしたち人間の心に宿ったとき、はじめて光を放つのです。わたしたちが、神の愛をしっかり受け止めるとき、わたしたちの顔は喜びで輝き、生き方そのものが輝きを放ち始めます。それがすなわち、神の輝きであり、神の栄光なのです。

神さまの愛に満たされた心で、いつも笑顔を浮かべ、優しい言葉で人々に語りかけられるように。わたしたちの生き方そのものによって、神の偉大さを証しすることができるように祈りましょう。

三位一体の救い

わたしを愛する人は、わたしの言葉を守る。
わたしの父はその人を愛され、
父とわたしとはその人のところに行き、一緒に住む。

（ヨハ14・23）

イエスの言葉を受け入れ、それに従うとき、わたしたちの心を父なる神の愛が満たします。「父とわたしとはその人のところに行き、一緒に住む」とは、きっとそのことを指しているのでしょう。イエスの言葉を受け入れるとき、父なる神の愛も必ずやってくるという意味で、父と子は一つなのです。では、聖霊とはいったい何でしょう。聖霊とは、イエスの言葉をわたしたちに思い起こさせ、心に深く沁み込ませてくださる方、そうすることによってわたしたちの心を父なる神の愛で満たしてくださる方だとわたしは思います。

このような父、子、聖霊、三位一体の救いの神秘を、わたしたちは日々体験しています。たとえば、わたしたちは仕事が忙しくて疲れが溜まり始めると、つい愚痴を言い始めます。「わたしはこんなにしてあげたのに、相手は何もしてくれない」とか、「どうしてわたしばかりこんなに忙しいんだ」と周りの人たちを責め始めるのです。疲れが溜まると、「自分を守らなければ」という気持ちが強くなりすぎて、相手を思いやるゆとりを失ということなのかもしれません。でも、そんなときにふと、「いや、相手だって精いっぱいにやってくれているんだ。このような仕事をさせてもらえただけでも感謝すべきではないだろうか」という気持ちが湧き上がってくることがあります。これが、聖霊の働きだとわたしは思います。

聖霊が働くと、「互いにゆるし合いなさい、愛し合いなさい」と言われたイエスの言葉が思い出され、「こんなことではいけない」と思って相手を労る気持ちが生まれてきます。すると、それまで心を覆っていた怒りや憎しみは消え去り、心を愛が満たしてゆくのです。父なる神の愛が心を満たすと言ってもよいでしょう。こうしてわたしたちは、怒りや憎しみから解放され、「神の子」としての平和を取り戻すのです。

心が神の愛で満たされるとき、わたしたちの口からは喜びの言葉があふれ出します。そして、自分自身が体験した救い、闇からの解放の体験を、誰かに語らずにはいられなくなるのです。心を満たした愛が、わたしたちを突き動かすと言ってもよいでしょう。聖霊降臨によってイエスの言葉を深く悟り、父なる神の愛で心を満たされた弟子たちは、愛に突き動かされ、地の果てまで出かけて行かずにいられなくなったのです。

聖霊は、子であるイエスの言葉をわたしたちに思い出させ、イエスの言葉を思い出すときわたしたちの心は父なる神の愛で満たされる。そのようにして、父、子、聖霊は三位一体となってわたしたちを救ってくださいます。わたしたちは日々、三位一体の神秘によって生かされているのです。イエスの言葉を深く悟り、父なる神の愛で心を満たしていただくために、心を開いて聖霊をお迎えできるよう祈りましょう。

見えないものを信じる

イエスはトマスに言われた。
「わたしを見たから信じたのか。
見ないのに信じる人は、幸いである」。

（ヨハ20・29）

イエスが復活して現れたという他の弟子たちの話を、素直に受け入れられなかったトマス。トマスの心には、きっと「自分だけがのけ者にされた」という寂しさもあったでしょう。トマスが疑っていたのは、復活の出来事より、むしろイエスの愛だったのかもしれません。そんなトマスに、イエスは「信じない者ではなく、信じる者になりなさい」（ヨハ20・27）と語りかけました。この言葉には、「復活を信じなさい」ということだけでなく、「たとえ姿が見えず、声が聞こえなかったとしても、わたしはいつもあなたを愛している。わたしの愛を信じる者になりなさい」という意味も込められているように思います。

ルカ福音書には、復活したイエスが、弟子たちに「どうして心に疑いを起こすのか」（ルカ24・38）と語りかける場面があります。「信じる」ということの反対は、「疑う」ということでしょう。イエスの愛を疑うとき、わたしたちの心に「これから一体どうなるのだろう」という恐れや不安が生まれます。恐れや不安は絶望や自暴自棄な態度を生み、わたしたちを滅びへと誘ってゆきます。それだけではありません。イエスの愛を信じられないとき、兄弟姉妹の間に争いが起こります。「なぜ自分だけが愛されないのだ」と他の兄弟姉妹を妬み、イエスの愛を求めて他の兄弟姉妹と争うようになるのです。トマスがまさによい例でしょう。イエスの愛を疑うとき、わたしたちは心の平和を失うのです。

逆に、イエスの愛を信じている限り、何も恐れる必要はありません。「たとえ目に見えなかったとしても、自分はイエスに愛されている。目に見えない大きな力に守られている。だから、何があっても大丈夫」。そう信じている人は、どんな困難に直面しても、その困難を乗り越えることができるのです。

自分はイエスから十分に愛されていると信じている人は、他の兄弟姉妹と争うこともありません。「わたしも愛されている、あなたも愛されている。なんてすばらしいことなんだ。神に感謝」という気持ちで、みんなと一緒に幸せに生きることができるのです。まさに、「見ないのに信じる人は、幸い」だと言ってよいでしょう。

見ないでは信じられない人間の弱さをよく知っておられるイエスは、わたしたちのために秘跡を残してくださいました。御聖体や告解などの秘跡は、目に見えない神さまの愛の、目に見えるしるしなのです。あとは、わたしたちがそれを信じられるかどうかにかかっています。神父が「キリストの体」と言っても、「ほんとかな、ただのパンじゃないか」と疑ったり、「あなたの罪はゆるされました」と言っても、「ほんとにゆるされたのかな」と疑ったりしていては、心から恐れが消えることはないし、幸せになることもできないのです。

見えない愛は、信じる以外にありません。目に見えないものを信じられるかどうかに、わたしたちの幸せがかかっているのです。「信じない者ではなく、信じる者になれますように」と、心を合わせて祈りましょう。

世を救うために

神が御子を世に遣わされたのは、
世を裁くためではなく、
御子によって世が救われるためである。
御子を信じる者は裁かれない。
信じない者は既に裁かれている。
神の独り子の名を信じていないからである。

（ヨハ3・17―18）

「信じない者は既に裁かれている」とは、一体どういうことでしょう。それは、イエスを通してこの世に注がれた神の愛を拒むなら、そのこと自体が裁きであり、罰だということです。裁きや罰は、神が下すものではなく、人間が引き寄せるものなのです。

そもそも罪とは何かということを、創世記にさかのぼって考えてみたいと思います。創世記（2・7）には、土くれに「命の息」、すなわち神の愛が吹き込まれたとき、その土くれは「生きる者」となったと書かれています。心を神の愛で満たされることによって、人間は初めて人間になりました。心が神の愛で満たされているときにこそ、人間は「極めてよい」ものであり、喜びと力に満たされて生きることができるのです。

愛は、蓄えることができません。なぜなら、愛は交わりだからです。神の愛を受け取り、神を愛するという交わりを断ってしまえば、その瞬間、愛はわたしたちの心から消えてしまいます。神と愛し合っているときにだけ、わたしたちは心を神の愛で満たされた人間本来の姿を取り戻し、幸せに生きることができるのです。

ところが、人間は欲望の誘惑に負けて、神を裏切ってしまうことがあります。自分の欲望を満たすために「禁断の木の実」に手を伸ばし、もぎ取ってしまうのです。欲望を満たすために、してはいけないとわかっていることをしてしまう。それこそが罪だと言ってよいでしょう。罪を犯し、神の愛を裏切ると、人間と神との間にあった愛の交わりは消えてしまいます。わたしたちの心を満たしていた神の愛が消え、その代わりに大きな空洞、大きな虚しさが現われるのです。

心の虚しさは苦しみを生みます。何を食べても、何を着ても、どこへ行っても、心の底から喜びを感じることができなくなってしまうのです。やがて人生に意味が感じられなくなり、生きるための気力が消え、絶望の闇が心を覆い始めます。これが、罪を犯したことによって与えられる罰です。欲望に引きずられて神を裏切り、愛の絆を断ち切ることこそ罪であり、そのときわたしたちの心に生じる虚しさこそが罰なのです。

悪魔は、心の虚しさを利用してわたしたちをさらに誘惑します。「お前の心が満たされないのは、まだ何かが足りないからだ」と囁くのです。もっとたくさん物を持てば、偉くなれば、有名になれば虚しさはなくなる。悪魔はわたしたちにそう信じさせます。ですが、どれだけ欲望を満たしたところで、心の虚しさが満たされることはありません。こうして、罪を犯した人は、際限のない罪の泥沼に落ちてゆくことになります。

断ち切られた愛の絆を取り戻し、人間を創造されたときの姿に戻すために、イエスがやって来られました。イエスの言葉に耳を傾け、罪のゆるしを願うとき、すべての罪はゆるされ、わたしたちの心は再び愛で満たされます。イエスを信じる者は決して「裁かれない」のです。その恵みに感謝し、いつもイエスとつながって生きられるよう祈りましょう。

足を差し出す

ペトロが、「わたしの足など、決して洗わないでください」
と言うと、イエスは、「もしわたしがあなたを洗わないなら、
あなたはわたしと何のかかわりもないことになる」と答えられた。
（ヨハ13・8）

自分の前に跪き、足を洗おうとするイエスに向かって、ペトロは「わたしの足など、決して洗わないでください」と言いました。一日中歩き回ってすっかり汚れた自分の足を、イエスに洗ってもらうことなどできないと思ったのでしょう。ですが、そんなペトロに向かって、イエスは「もしわたしがあなたを洗わないなら、あなたはわたしと何のかかわりもないことになる」と言います。

教会でも年に一度、洗足式を行いますが、「足を洗わせてください」とわたしがお願いしても、皆さん恥ずかしがってなかなか引き受けてくれません。汚れている足、普段は隠している足を誰かの目の前に差し出すということには、やはりためらいがあるようです。ですが、なぜ隠す必要があるのでしょうか。「こんな足を見せたら、嫌われてしまうかもしれない」と心配して隠すのならば、それは相手の愛を信頼していないということにつながります。

イエスは、わたしたちの汚れた足、汚れた心を見たところで、決してわたしたちを嫌いになることはありません。むしろ、わたしたちがイエスの愛を信じ、汚れた部分を差し出すことを喜んでくださいます。何も隠さず、あるがままの自分を差し出すということは、とりも直さず、「わたしはあなたを信頼している」という意味だからです。「もしわたしがあなたを洗わないなら、あなたはわたしと何のかかわりもないことになる」とイエスが言うのは、「もしあなたが汚れた部分を隠し続けるなら、あなたはわたしを信頼していないことになる。わたしの愛を信じていないことになる」という意味だと考えたらよいでしょう。信じて汚れた部分を差し出すとき、心の汚れを包み隠さず告白するとき、イエスはその汚れをすべて洗い流してくださいます。

中には、「そんなこと、あなたにしてもらっては申し訳ない。自分でしますという意味で、「わたしの足など、決して洗わないでください」という人もいるでしょう。ですが、わたしたちの足、わたしたちの心には、自分の力では落とせない汚れが染みついている場合もあります。自分の罪を素直に告白し、イエスにゆるしてもらわなければ消えない汚れもあるのです。イエスの愛の中で、わたしたちの心についた汚れは、隅々まできれいに洗い清められてゆきます。わたしたちはただ、イエスを信じ、イエスに心を開けばよいのです。

「あなたがたも互いに足を洗い合わなければならない」（ヨハ13・14）とイエスは言います。そのためには、互いへの信頼と、自分の限界を素直に認める謙虚さが必要です。互いを信頼して隠しごとをせず、弱さを補い合いながら共に生きてゆく、それは別の言葉でいえば、愛し合うということに他なりません。「互いに足を洗い合いなさい」というのは、「互いに愛し合いなさい」ということと同じ意味なのです。イエスの言葉に従い、互いにゆるし合い、愛し合うことができるよう祈りましょう。

愚かなまでの愛

あなたがたの中に、一〇〇匹の羊を持っている人がいて、
その一匹を見失ったとすれば、九九匹を野原に残して、
見失った一匹を見つけ出すまで捜し回らないだろうか。
（ルカ15・4）

羊が一匹でも迷子になれば、羊飼いは「九九匹を野原に残して、見失った一匹を見つけ出すまで捜し回らないだろうか」とイエスは言います。自分が迷子の小羊だと思えば、これはとてもありがたい話です。でも、中には「留守の間に残りの九九匹がいなくなっていたらどうするんだ」と思う方もいるでしょう。利害損得で考えれば、一匹くらいは放っておいて、九九匹を守ったほうがよいとも思えるのです。

神さまの愛は、人間のそのような思いをはるかに越えて深い。損得勘定をはるかに越えている。イエスが言いたいのは、実はそのことだと思います。神さまにとって大切なのは、利害損得ではなく、いま苦しんでいる一匹の羊。その苦しみを思うと、いてもたってもいられなくなって探しに出かけるのが神さまだということを、イエスは伝えたいのです。

もし自分の子どもが外国で行方不明になれば、親は会社をやめてでもその子を探しに行くでしょう。それと同じように、神さまは他のすべてを捨ててわたしたちを探してくださる方、それほどまでにわたしたちを愛してくださってる方だということを、イエスはわたしたちに伝えたかったのです。

聖書の中には、この話と同じように、人間の目から見ると「これはちょっと不公平ではないか」と思われる話がたくさんあります。この話に続いて出てくる「放蕩息子のたとえ」もそうです。人間の目から見れば、一生懸命に働いたお兄さんの気持ちもよくわかる。怠け者の弟が帰ってきたからといって、そこまでしてやる必要があるのかと思う人もいるでしょう。ですが、神さまの愛は、そのような人間の思いをはるかに越えています。自分の息子、娘であるわたしたちが、道を見失って苦しんでいると思えば、自分も苦しくて仕方がない。いつもわたしたちのことを思い、わたしたちの帰りを待ち続けている。それが、父なる神さまの愛だとイエスは伝えたいのです。

似たような話で、「ぶどう園の労働者のたとえ」があります。神さまは、朝から何時間も働いた労働者にも、夕方から来て一時間だけ働いた労働者にも、同じ賃金を支払う方だというのです。理不尽な話だと思う人も多いのですが、ここでもイエスが言いたいのは、神さまの愛の深さです。神さまは、人生の最後に回心して神のぶどう畑にやって来た人も、子どもの頃から働いていた人と同じように天国に招き入れてくださる。それほどまでに、わたしたち一人ひとりを愛しておられるとイエスは伝えたいのです。

聖書を読んでいて「これはおかしいな」と思う箇所があれば、その箇所にこそ、神さまの愛が隠されている可能性があります。わたしたちが「おかしい」と思うのは、神さまの愛が人間の理解をはるかに越えているからなのです。わたしたち一人ひとりを探し続け、待ち続ける神さまの愛、愚かなまでのその愛をしっかりと心に刻み、その愛を裏切らずに生きられるよう祈りましょう。

信仰によって

義を求めなかった異邦人が、
義、しかも信仰による義を得ました。
しかし、イスラエルは義の律法を追い求めていたのに、
その律法に達しませんでした。なぜですか。
イスラエルは、信仰によってではなく、
行いによって達せられるかのように、考えたからです。
（ロマ9・30―32）

なぜ「義を求めなかった」異邦人が義とされ、「義の律法を追い求めていた」イスラエルは義とされなかったのでしょう。それは、イスラエルが義を「信仰によってではなく、行いによって達せられるかのように、考えたから」だとパウロは言います。何も誇るもののない異邦人は、神の憐みを信じることによって義を手に入れ、自らの正しい行いを誇るイスラエルの民は、義を自分の力によって手に入れようとしたためにかえって義を失ったということです。なぜイスラエルは、そのような間違いを犯したのでしょう。

一番大きな理由は、イスラエルが、まだ神の愛を十分に理解していなかったことでしょう。イスラエルは、神が無条件にすべての民を愛し、「神の子」とする方であることをまだ知らなかったのです。イスラエルは、神の愛も人間の愛と同じ条件付きの愛にすぎないと誤解していました。だから、神の愛を手に入れるために律法の行いに励んだのです。

神の愛をまだ知らない人は、人間のあいだに生まれる愛の体験に基づいて、神の愛を条件付きのものと考えます。人間の世界では何かを持っている人や、何かができる人が愛されるから、神から愛されるためにも同じようにしなければならないと考えるのです。そして、努力して成果を上げ、神から愛されるに値する者になったと感じるとき、神に感謝すると同時に自分自身を誇り、自分と同じようにできない人をさげすむようになるのです。

これは、ある意味で兄弟喧嘩のようなものです。神はすべての人間を子どもとして無条件に愛していますが、神の無条件の愛を信じられない人間たちは、互いに競い合い、いがみ合います。その結果、神の子としてふさわしくない者になってしまうのです。

「放蕩息子のたとえ」に、このような兄弟喧嘩が克明に描かれています。放蕩息子の兄は、自分の行いに自信を持ち、自分こそ父の息子と呼ばれるにふさわしいと思っていました。そのため、放蕩の限りを尽くして戻って来た弟を父が無条件に受け入れ、祝宴を催したとき、その交わりの中に入ってゆくことができなかったのです。父が設けた祝宴の喜びに背を向けた結果、兄は父の息子としてふさわしくない者となってしまいました。自分の行いを誇り、自分こそ父の息子に呼ばれるにふさわしいと思い込んでいる者は、みなこの兄と同じようにして息子の地位を失うことになります。行いによって義を求める人は、みな行いによって義を失ってしまうのです。

このような兄弟喧嘩を止めるにはどうしたらよいでしょう。そのための唯一の方法は、神の愛が無条件であることを子どもたちに知らせることだと思います。争わなくても、神はすべての人間を無条件に受け入れ、愛してくださる。その事実を、疑いようもない形で子どもたちの目の前に示せばよいのです。そのために、神はイエス・キリストをこの地上に遣わされました。イエスを通して示された無条件の愛を信じ、神の子としてふさわしい者にしていただけるよう祈りましょう。

からし種一粒の信仰

はっきり言っておく。
もし、からし種一粒ほどの信仰があれば、この山に向かって、
「ここから、あそこに移れ」と命じても、そのとおりになる。
あなたがたにできないことは何もない。
（マタ17・20）

「もし、からし種一粒ほどの信仰があれば」わたしたちにできないことは何もないと、イエスは言います。大きな信仰はいらない。本物の信仰が「からし種一粒」ほどでもあれば、できないことなど何もないということでしょう。長崎の殉教者たちのことを思い出すたびに、わたしはその確信を深めます。

先日、遠藤周作の小説『沈黙』の舞台になった外海《そとめ》地方を巡礼してきました。「人間がこんなに哀しいのに、主よ、海があまりに碧いのです」と遠藤が記した海を眺めながら、なぜ当時の貧しい農民や漁師たちは、過酷な拷問を耐え抜くことができたのかと思わずにいられませんでした。洗礼を受けたばかりの彼らに、役人の説得に反論するための知識や、「何がなんでも信仰を守り抜く」という不動の信念があったとは思えません。そんな彼らが、最後まで信仰を守り、殉教していったのです。

逆に、たくさん勉強して日本に送り込まれた信仰のエリートであり、自分の信仰に誇りを持っていた神父たちの中に転んだ人たちがいました。そのことは、殉教が人間の力によって成し遂げられるものではないことを示していると思います。「信仰が強いから殉教した、信仰が弱いから転んだ」ということではないのです。殉教者たちは、自分の信仰が弱いことをよく知っていました。だからこそ、神に自分を委ね、殉教することができたのです。彼らの偉大さは、自分の弱さを神の手に委ねたということに尽きるでしょう。弱さを自分の力で乗り越えようとした人は転び、弱さを神の手に委ねた人は神の力によって殉教の恵みを与えられたのです。

おそらく、殉教を成し遂げさせるのは、からし種一粒ほどの信仰だと碧い海を見ながらわたしは思いました。神が自分たちの父であると信じて、自分のすべてを神に委ねる純粋な信仰が、からし種一粒ほどでも心に宿っていれば、わたしたちはどんな困難でも乗り越えられるのです。ですが、わたしたちの心には、からし種一粒ほどでも信仰があるでしょうか。「わたしは弱いから、そんなことはできない」と言い訳しているうちは、まだ自分の力を信じ、自分の力に頼っているように思います。わたしが弱いかどうかなどは関係ないのです。問題は、その弱さを認めて、神に助けを求められるかどうかなのです。

　自分の力に頼っている人は、自分の力で乗り越えられないほどの現実に直面するとき、打ちのめされて転びます。しかし、自分の弱さを知って神の手にすべてを委ねている人は、神の力によってあらゆる困難を乗り越えてゆくことができます。それを見ている周りの人々は、「なぜあの人は、これほどの逆境を笑顔で乗り越えられるのだろうか」と驚き、神の偉大さを思うでしょう。それが信仰を証しするということです。殉教者たちにならい、わたしたちも、自分の弱さをすべて神の手に委ねることができるように祈りましょう。

2　喜びの福音

それぞれの使命

マルタ、マルタ、
あなたは多くのことに思い悩み、心を乱している。
しかし、必要なことはただ一つだけである。
マリアは良い方を選んだ。それを取り上げてはならない。
（ルカ10・41―42）

座ってイエスの話に聞き入り、もてなしを手伝おうとしない妹マリアに腹を立てたマルタが、イエスに苦情を言う場面です。このような苦情は、わたしたちの日常生活の中でもよく聞かれるのではないでしょうか。とても忙しいとき、わたしたちはつい「何でわたしばかりこんなに忙しいのですか」と苦情を言ってしまいがちなのです。

妹に対するマルタの苦情は、ちょうど「放蕩息子のたとえ」の兄の苦情と重なっています。放蕩息子の兄は、「わたしは何年もお父さんに仕えています。言いつけに背いたことは一度もありません」（ルカ15・29）と父である神に苦情を言いました。自分はこんなに働いているのに、なぜ弟をかわいがるのかということです。この話を聞いて、兄に共感する人は多いでしょう。働いているわたしたちが報われるのが当然で、怠け者が報われるのは理不尽だと、つい考えてしまうのです。

ですが、兄は一つ大切なことを忘れています。それは、父のもとで衣食住に困らず、やりがいのある使命を与えられて働くことができる。そのこと自体が恵みだということです。弟は、どん底の苦労の末にそのことに気づき、父のもとに帰ってきました。再び父のもとに戻れたことを、涙を流して喜んでいるのです。父のもとで働けること自体が大きな恵みである。幸せは、平凡な日々の暮らしの中にこそある。兄がもしそのことに気づいていれば、弟についてこれほど苦情を言うことはなかったでしょう。

わたし自身も、同じような苦情を言ってしまうことがよくあります。幼稚園や刑務所、教会などでの仕事に追われ、疲れ切っているときなど、「なぜ、わたしばかりこんなに働かなければならないのですか」と、ついつぶやいてしまうのです。ですが、よく考えてみれば、一つひとつの仕事はとてもやりがいのあるものです。子どもたちの喜ぶ顔、受刑者たちの真剣な表情、信徒たちの笑顔を思い浮かべれば、また頑張ろうという気持ちが湧き上がってきます。神さまはわたしに、こんなにすばらしい使命を与えてくださったと思い、感謝できるようになるのです。

イエスは、自分の言葉に耳を傾けたマリアが優れており、もてなしのために働いていたマルタが劣っているると言っているわけではないと思います。マルタにはマルタの使命があり、マリアにはマリアの使命がある。大切なのは、神から自分に与えられた使命を喜んで果たすことだ。イエスはマルタに、そのことを思い出させたかったのでしょう。自分の使命を感謝して受け取り、その使命を精いっぱい果たす。そのような日々の中にこそ、わたしたちの本当の幸せがあります。マルタにはマルタの、マリアにはマリアの、自分には自分の使命があるということを思い出し、感謝してその使命を受け取ることができるよう祈りましょう。

墓から抜け出す

墓の中に入ると、白い長い衣を着た若者が
右手に座っているのが見えたので、婦人たちはひどく驚いた。
若者は言った。「驚くことはない。あなたがたは
十字架につけられたナザレのイエスを捜しているが、
あの方は復活なさって、ここにはおられない」。（マコ16・5―6）

弟子たちが行ってみると、イエスを葬ったはずの墓は空だった。福音書の記者たちが、キリストの復活をこのようなかたちで伝えたことには、とても意味があるように思います。復活とは、墓の闇から抜け出して、光の中を歩むということ。古い自分から抜け出し、神の愛に包まれて生きるということなのです。

古い自分とは、さまざまな思い込みや心配事、不安、恐れなどの中に閉じ込もっている自分だと考えたらよいでしょう。わたしたちは、古い自分という墓の中に、自分自身を閉じ込めているのです。たとえば、「勝ち組、負け組」という言葉に象徴される、社会的に成功した人には生きる価値があり、成功しなかった人には生きる価値がないという考え方。この中に閉じ込もって生きている人は、「失敗したら生きる価値がなくなる」という恐れや、「失敗ばかりの自分の人生には意味がない」という絶望の闇の中に生きています。闇の中で勝った、負けたに一喜一憂し、いつまでたっても本当の幸せにたどり着くことができない。自分で入り込んだ墓の闇の中を、ぐるぐると歩き回っている。それが古い自分、思い込みの中に閉じ込もっている自分です。

「ああなったらどうしよう、こうなったら困る」と心配ばかりしている人もまた、自分を恐れや不安という闇の中に閉じ込めています。この闇は、自分の力ではどうにもならないことを、自分の力でなんとかしようとするときに生まれてくる闇です。自分の力ではどうにもならないこと、寿命や健康、家族や友人の心などを自分の思いどおりにしようとするから、恐れや不安が生まれてくるのです。すべてを自分の思い通りにしようとして、恐れや不安の闇の中をぐるぐると歩き回っている状態。それが古い自分、不安や恐れの中に閉じ込もっている自分です。

この古い自分から抜け出すことこそ古い自分に死ぬということであり、古い自分から抜け出して神の愛の光の中に出ることこそが復活です。神の愛は、わたしたちすべての上に豊かに降り注いでいます。「自分の人生には価値がない」という思い込みを捨て、墓の外に出さえすれば、そこは光にあふれた愛の世界なのです。たとえ成功できなくても、社会的に見て失敗ばかりだったとしても、神さまはわたしたちをあるがままに受け入れてくださるのです。

「ああなったらどうしよう、こうなったら困る」と心配するのをやめ、神にすべてを委ねさえすれば、墓は砕け、天からの光がわたしたちの心に射しこみます。そのとき、わたしたちはいま自分にできることをしっかり見極め、それに全力で取り組むことができるようになるのです。墓から抜け出し、神の愛の光に包まれて生きられるよう、心を合わせて祈りましょう。

弱さに寄り添う神

だれでも初めに良いぶどう酒を出し、
酔いがまわったころに劣ったものを出すものですが、
あなたは良いぶどう酒を今まで取って置かれました。

（ヨハ2・10）

すでに酔っぱらっている婚宴の客たちのために、水をぶどう酒に変える。これが、聖書に記されたイエス・キリストの最初の奇跡だというのは、ちょっと意外な感じがします。しかし、弟子たちはこの奇跡を見て「イエスを信じた」のでした。

水をぶどう酒に変える奇跡は、パンを増やす奇跡と似ているところがあります。パンを増やす奇跡のとき、人々が空腹であることに気づいたイエスは、お腹が空いて倒れてはいけないと心配して奇跡を起こしました。どんなに気持ちがあっても、お腹が空いては何もできない人間の弱さを、イエスはよく知っておられたのです。そんな人間たちのために、イエスはパンを裂いて弟子たちに渡しました。すると、パンはいつの間にか数千人分に増えていたのです。

水をぶどう酒に変えたとき、宴会はすでにだいぶ進んでおり、人々はもう酔っていました。ですが、イエスはそんな人々のために、水をぶどう酒に変えました。婚宴の席が白けてしまわないように、若い夫婦が大きな喜びの中で新しい人生を始められるようにという、若い夫婦への配慮もあったでしょう。めでたいこの日くらいは、厳しい日々の生活を忘れて宴会に興じたいという人々への労りもあったかもしれません。ぶどう酒に酔うことで、日常の苦しみを忘れ、喜びに興じたいと願う人間たちの思いを、イエスはよく知っておられたのです。そんな人々のために、イエスは水をぶどう酒に変えました。召使たちは、大きな甕《かめ》をいっぱいに満たしたぶどう酒を汲んで人々に配り、おそらく数百人の人々がそれを味わったのです。

ぶどう酒の奇跡やパンの奇跡を見たとき、弟子たちはイエスを信じました。それは、人間の力では不可能なことが目の前で起こったからというのが第一の理由でしょう。ですが、それだけではありません。人間の弱さを知り、その弱さに寄り添うイエスの中に、弟子たちは神さまの愛を見たのです。そもそも、奇跡自体、見なければ信じられない人間の弱さを知って行われたものでした。イエスは、人間の弱さをよく知りながら、それを否定せず、むしろその弱さに寄り添われる方だったのです。だからこそ、弟子たちはイエスを信じ、イエスに従ったのでしょう。

現代の教会でも、大きなお祝いのときには特別な会食をします。普段よりも少し贅沢な食事をいただき、仲間との交わりを深め、喜びをわかち合うための会食です。家庭でも、そのような食事をすることはあるでしょう。たまにはそのような特別な食事をしたいと願う人間の心を、イエスはよくご存じです。イエスのいつくしみに感謝し、イエスと共に食事を楽しみましょう。大きな喜びの中で、心から神を賛美できますように。

天国への招き

天の国は、ある王が王子のために
婚宴を催したのに似ている。
王は家来たちを送り、
婚宴に招いておいた人々を呼ばせたが、
来ようとしなかった。

（マタ22・2―3）

　これは天国のたとえ話ですから、王は神さま、婚宴に招かれたのはわたしたちだと考えたらよいでしょう。普通に考えれば、天国の祝宴に招かれたら大喜びで出かけそうです。理由をつけて行かないなんて、そんなことがあるのでしょうか。

「神さまは愛に満ちた方ですから、きっと天国はあるでしょう。ただ、愛に満ちた神さまが、誰かを地獄に落とすとは信じられません。地獄なんてあるんですか」と質問されることがあります。地獄は確かにあると思います。神さまが地獄を作り、そこに人々を落として苦しめるということではありません。神さまはすべての人を天国に招いておられるけれど、中には「そんなところ、誰が行くか」と言って拒んでしまう人たちがいる。そのような人たちが行く場所が地獄だ、とわたしは考えています。

「天国への招きを断る人なんているのか」と思うかもしれませんが、そのような人は意外と多いのです。たとえば、「あの人と和解して仲よく暮らしなさい」という天国への招きを、わたしたちは「いや、あの人だけは絶対にゆるせない」と言って拒んでしまうことがあります。「自分の思った通り生きたい。自分さえよければよい。敵は絶対にゆるさない」、そのように考える人にとって、神さまのもとですべての人と仲よく暮らす天国は、きっと耐え難い場所でしょう。そのように考えて天国に行くのを拒んだ人たちが残された場所、そこが地獄なのです。

「畑に行かなければならない」「商売があるから」と言って王の招きを断った人たちの姿は、わたしたちと重なります。「聖書を開いて神さまの声に耳を傾けたいけれど、他にもしなければならないことがある」「家族とゆっくり話したいけれど、仕事が忙しくてそんな暇はない」。そのように考えるとき、わたしたちは心の中で神さまからの招き、天国への招きを断っているのです。

道端に咲く花や、鳥たちを通してさえ、神さまはわたしたちを天国へと招いておられます。立ち止まって道端の花を見つめ、その美しさに感動するとき、わたしたちは天国の喜びへといざなわれます。花の美しさや鳥たちの精いっぱいに生きる姿は、実は天国への招きなのです。ですが、わたしたちはその招きにこたえるゆとりがありません。

神さまは、わたしたちをもてなすために食卓を準備してくださっているのに、わたしたちは、さまざまな理由をつけて食事に行こうとしません。神さまの愛をこちらから拒んでおいて、「わたしは神さまから見捨てられた」などと苦情を言われても、神さまは困ってしまうでしょう。

一番大切なのは、神さまの招きにこたえることです。神さまは、わたしたちを愛したくて仕方がありません。でも、わたしたちが怒りや憎しみ、私利私欲にとらわれて心を閉ざしていれば、愛することができないのです。心を開いて天国への招き、愛への招きにこたえられるよう祈りましょう。

二つの掟

「心を尽くし、精神を尽くし、思いを尽くして、
あなたの神である主を愛しなさい」。
……「隣人を自分のように愛しなさい」。
律法全体と預言者は、この二つの掟に基づいている。
（マタ22・37、39—40）

「あなたの神である主を愛しなさい」と「隣人を自分のように愛しなさい」、この二つこそが最も重要な律法だとイエスは言います。この二つの律法は、二つで一つであり、切り離して考えることができないものだとわたしは思います。神を愛するからこそ、わたしたちは自分自身を愛し、隣人を自分のように愛することができるようになるのです。

ではどうしたら、神を愛することができるのでしょう。まずは、神の愛に気づくことだと思います。神さまは、わたしたちが愛する前から、わたしたちを愛してくださっています。恩知らずで、わがままで、欠点だらけのわたしたちを、あるがままに受け入れ、愛してくださっているのです。神さまの愛に気づくことから、神さまへの愛が始まります。そんな神さまの愛に気づくとき、わたしたちは喜びと感謝に満たされ、神を賛美せずにいられなくなるのです。

「でも、どうしたら神の愛を感じられるのでしょう」とよく尋ねられます。神さまは目に見えないし、話しかけてもくれないからです。ですが、神さまはわたしたちに、目に見える形で、いつもはっきり語りかけておられます。たとえば、道端で咲いているコスモスの一輪を通してさえ、神さまはわたしたちに語りかけておられるのです。花の美しさに気づいて感動するとき、わたしたちの心に喜びが湧き上がってきます。それは、花の美しさを通して、神さまがわたしたちを励ましておられるからなのです。花や鳥、森の木々など、この地上に存在するすべてのものは、神さまからのメッセージであり、わたしたち人間に宛てて愛情を込めて書かれたラブレターだと言ってよいでしょう。大切なのは、その一つひとつに目を向け、耳を傾けて、しっかりメッセージを受け取ることです。

神の愛に気づいて感謝するとき、わたしたちと神さまの間に、確かな愛の絆が結ばれます。神さまと愛の絆で結ばれたなら、今度は「隣人を自分自身のように愛する」ことです。ここで大切なのは順番です。まずは、自分自身をあるがままに受け入れ、愛する必要があります。自分にあちこち気に入らないところがあり、自分をあまり愛せない人が、同じように隣人を愛しても意味がないからです。どれほど弱く、欠点だらけだったとしても、神さまはそんなわたしたちを「神の子」として愛してくださっています。神さまがこれほどまでに愛してくださる自分を、あるがままに受け入れ、大切にする。それが自分を愛するということです。自分を愛することができたなら、次は「隣人を自分のように」愛しましょう。弱くて欠点だらけのその人も、自分と同じように神さまから愛された「神の子」だと思えば、きっと愛することができるでしょう。

まずは、神の愛に気づいて感謝すること。そして、これほどまで神さまから愛されている自分をあるがままに受け入れ、愛することです。神との確かな絆の中で、隣人愛を実践し、この地上に「神の国」を実現してゆくことができるよう祈りましょう。

神と和解する

息子は言った。「お父さん、わたしは天に対しても、
またお父さんに対しても罪を犯しました。
もう息子と呼ばれる資格はありません」。
しかし、父親は僕たちに言った。
「急いでいちばん良い服を持って来て、この子に着せ、
手に指輪をはめてやり、足に履物を履かせなさい」。

（ルカ15・21―22）

「神と和解させていただきなさい」（二コリ5・20）とパウロは言います。神と和解するとは、どういうことでしょう。それは、神がお創りになったこの世界と和解すること。自分が置かれた現実と和解し、隣人たちと和解し、自分自身と和解することだと思います。わたしたちは、神が与えてくださる恵みだけで満足できず、神のもとから飛び出した放蕩息子のようなものです。神と和解するためには、神の恵みに気づいて感謝し、神のもとに立ち返る必要があるのです。

放蕩息子は、なぜ家を飛び出したのでしょう。それはきっと、単調な農村での日々に満足できなかったからだと思います。自分が活躍する場はもっと他にある。都会に出て、もっと大きなことをしたい。きっと、そう思ったのでしょう。そこで、親からお金をもらって都会に出て行ったのです。しかし、現実はそんなに甘くありませんでした。きらびやかな都会の生活の中で自分を見失い、誘惑に負けて放蕩し、たちまち全財産を使い果たしてしまいます。そのとき彼は、ふと「我に返り」、かつて自分が嫌っていた「父の家」がどれだけすばらしい場所だったかに気づくのです。そこで自分は、どれだけ恵まれていたか。日々こつこつと農業に従事する父がどれほど偉大か。それに比べて、夢ばかり見て現実には何もできない自分はどれほど小さいか。そのことに気づくのです。全財産を失った苦しみの中で彼は、現実を受け入れ、父を受け入れ、自分自身を受け入れます。そんな彼を、父なる神は目に涙を浮かべながら抱きしめたのです。それが神と和解するということです。

わたしたちは、神さまが与えてくださるものに満足できず、不平を口にしがちです。与えられた環境について、「こんな会社に入るはずではなかった」とか「自分はこんなところにいる人間ではない」と苦情を言ったり、家族や友だちについて満足できず、「なぜうちの子どもはちっとも勉強しないのか」「なぜあの人はあんなにわがままなのか」などと考えたりします。そして誰より、思った通りに生きることができない自分自身に対して腹を立てています。「なぜ、このくらいのことしかできないのか」

「もっとうまくやることはできなかったのか」と自分を責めるのです。そのようにして神さまが与えてくださるものに腹を立てるということは、すなわち神さまに腹を立てていることに他なりません。

結局のところ、すべては高望みをしたことが原因なのです。神が与えてくださるものに不満を言い、自分の思いを通そうとして失敗を繰り返す中で、わたしたちは自分の愚かさに気づきます。そして、自らが招いた苦しみのどん底で、神の恵みのすばらしさに気づくのです。神と和解し、あるがままの世界を受け入れるとき、わたしたちはその中で自分が果たすべき使命に気づきます。自分にふさわしい、地に足のついた幸せを見つけ出すのです。放蕩息子にとって、それは父のもとでの農作業でした。わたしたちも、思い上がりを捨てて神と和解し、自分の本当の道を見つけ出すことができるよう祈りましょう。

喜んで生き、喜んで死ぬ

イエスは人々が
大声で泣きわめいて騒いでいるのを見て、
家の中に入り、人々に言われた。
「なぜ、泣き騒ぐのか。
子供は死んだのではない。眠っているのだ」。

（マコ5・38―39）

こんな話を聞いたことがあります。あるとき、一人のご婦人が思いつめた様子で教会に相談にやって来たそうです。神父が話を聞くと、そのご婦人は子どもを突然の交通事故で亡くしたとのこと。胸を引き裂かれるほどの深い悲しみの中で、わらにもすがる気持ちで友人に勧められた聖書を読んでゆくうちに、この箇所と出会ったというご婦人は、涙をぼろぼろと流しながら神父に向かって言いました。「キリスト教を信じれば、死んだ子どもが蘇ることがあるのでしょうか。わたしは、せめて一目だけでもあの子に会いたいのです」。神父は、その話を聞いて、ただご婦人と一緒に泣くことしかできなかったとのことでした。

残念ながら、教会に来ても、死んだ子どもが蘇ることはありません。では、イエスが子どもを蘇らせたというこの奇跡の話にいったい何の意味があるのでしょう。イエスは会堂長に向かって、「恐れることはない。ただ信じなさい」（マコ5・36）と言いました。わたしたちが注目すべきなのは、奇跡よりもイエスのこの言葉です。わたしたちは、死を恐れる必要がありません。生きるにしても死ぬにしても、すべては神の御手の中にあり、神がすべてを一番よくしてくださるからです。だから、生きるべきときには喜んで生きればよいし、死ぬときには喜んで死ねばよい。それが、この奇跡を通してイエス・キリストが伝えたかったことなのです。

イエスが「子供は死んだのではない。眠っているのだ」（マコ5・39）と言ったことにも、深い意味があると思います。イエスだって、子どもが生きているか死んでいるかくらいは当然わかったはずです。それにもかかわらず、あえて「眠っているのだ」と言いました。つまり、神の前で、死とは眠りのようなものにすぎないということです。死んだ人も、神が望めば眠りから目を覚ますように蘇るのです。だから、死など恐れるに値しないということを人々に伝えるために、イエスはあえて子どもは「眠っているのだ」と言ったのです。

子どもが蘇ったことばかりに目を向け、このメッセージを見失わないようにしたいと思います。蘇った子どもも、またいずれは死にますし、親より先に死ぬことだってあるかもしれないからです。そのときに「神さま、なぜ今度は子どもを蘇らせてくださらないのですか」と呪うなら、それはまったく見当はずれです。もし子どもが死んで蘇らないなら、それは神さまがその子をお召しになったからなのです。

子どもがなぜ生まれて来たのかを知らないように、子どもがなぜ死んだのかもわたしたちは知りません。ですが、神さまはすべてを知り、すべてを一番よいようにしてくださいます。わたしたちにできるのは、ただ神さまの愛を信じ、生も死も神さまの手にお委ねすることだけなのです。神さまの愛を信じ、死者たちを神さまの手に安心して委ねることができるように、わたしたち自身も、生きるときには喜んで生き、死ぬときには喜んで死ねるように祈りましょう。

喜びの訪れ

目の見えない人は見え、足の不自由な人は歩き、
重い皮膚病を患っている人は清くなり、
耳の聞こえない人は聞こえ、死者は生き返り、
貧しい人は福音を告げ知らされている。
わたしにつまずかない人は幸いである。

（マタ11・5―6）

「そのとき、見えない人の目が開き、聞こえない人の耳が開く。そのとき、歩けなかった人が鹿のように躍り上がる。口の利けなかった人が喜び歌う」（イザ35・5―6）、イザヤのこの預言がイエスによって文字通り実現している。イエスこそ、わたしたちの救い主なのだ。この福音の箇所は、わたしたちにそのことを確信させてくれます。病を癒やされ、力を与えられ、イエスの周りに次々と広がってゆく喜びの輪。それこそ、イエスが救い主であることの証だと言ってよいでしょう。

イエスが来るとき、それがどんな場所であったとしても、そこには必ず喜びが生まれます。わたしは昨日、まったく違う二つの場所でクリスマス会をしましたが、そのどちらにもイエスがいたと確信しています。なぜならそこに、喜びがあったからです。

一つの場所は幼稚園でした。昨日は、卒園児のためのクリスマス会があったのです。久しぶりに幼稚園に来て、「かみさまのおはなし」を聞いた子どもたちは、とてもうれしそうにしていました。「一人ひとりがとても大切ないのち。かけがえのない神さまの子どもなんだよ」という話を、久しぶりに聞いたからでしょう。子どもたちの笑顔を見たとき、子どもたちの心にイエスがやって来たことを、わたしは確かに感じました。

もう一つの場所は刑務所でした。昨日は午後から、わたしが教誨師をしている刑務所でもクリスマス会があったのです。クリスマス会と言っても刑務所ですから、お菓子や飲み物が出るというわけではありません。寒々とした体育館に集まって、聖書の言葉を聞き、地元の学生たちのハンドベルの演奏に耳を傾けるというだけのことです。ですが、そんな簡素なクリスマス会の間にも、受刑者の皆さんの顔に喜びの笑顔が浮かぶことが何回かありました。隠退間際の老牧師が受刑者たちに優しく語りかけているとき、学生たちが一生懸命にハンドベルを操り、演奏しているとき、受刑者たちの顔には、確かに喜びの笑顔が浮かんでいたのです。それはきっと、「自分のために、こんなにも親身になってくれる人がいる。神さまは、まだわたしを見捨てていない。わたしの人生には、まだ希望がある」という喜びだったのではないかと思います。受刑者たちの笑顔を見たとき、わたしはこの刑務所にも、確かにイエスがやって来たと感じました。

イエスがやって来るところには、必ず喜びがあります。いまはまだ待降節ですが、クリスマスの日が来れば、今年もわたしたちのところにイエスが来てくださるのは確かなことです。「こんなわたしのところにさえ、イエスは今年も来てくださる」と思えば、わたしたちは自然と笑顔になり、イエスを迎えるのにふさわしい人間になろうと努力を始めるでしょう。喜びのうちに、イエスを迎えるための準備をする期間。それこそが待降節なのです。子どもたちのように素直な心で、受刑者の皆さんのように自分の弱さを知る謙虚な心で、イエスの到来を待ち望みましょう。

神のものは神に

彼らがデナリオン銀貨を持って来ると、
イエスは、「これは、だれの肖像と銘か」と言われた。
彼らは、「皇帝のものです」と言った。
すると、イエスは言われた。
「では、皇帝のものは皇帝に、神のものは神に返しなさい」。
（マタ22・19―21）

税金を納めるべきかというファリサイ派の人々からの問いに、イエスは「皇帝のものは皇帝に、神のものは神に返しなさい」と答えました。皇帝の刻印が押されている銀貨は皇帝のものだから、皇帝に返すこと、すなわち税金を納めることは問題がないと言うのです。ただし、「神のものは神に返しなさい」とイエスは言います。「神のもの」とは一体何でしょう。どこかに、神の刻印が押されているものがあるのでしょうか。

神の刻印を押された「神のもの」、それはわたしたち人間だと思います。もちろん、牛の焼き印のように、おでことか腕に刻印が押されているということではありません。創世記が「我々にかたどり、我々に似せて、人を造ろう」（1・26）と記している通り、わたしたちは皆、神の似姿として創造されました。神の似姿として創造されたわたしたちの心には、生まれながらに、造り主である神の刻印がはっきりと押されているのです。

それは、自分の心を確かめてみればすぐわかることです。どんな人でも、心の一番奥深いところには神の愛が宿っているのに気づくでしょう。「誰かが苦しんでいるなら、放っておくことができない」「言葉や行いで人を傷つけたくない」「できることなら、すべての人と仲よく、幸せに暮らしてゆきたい」。そのような優しい気持ちが、どんな人でも心の奥底に必ず隠されているのです。それこそ、わたしたちが神の子であることの何よりの証、神によって押された愛の刻印です。心の奥底に刻まれた神の愛に導かれて生きることで、わたしたちは人間らしく、幸せに生きることができます。「神のもの」であるわたしたちの命、わたしたちの人生は、神に捧げられ、神に返されるべきなのです。

ですがわたしたちは、そのことを忘れ、自分の人生を地上の皇帝に捧げてしまいがちです。地上の支配者たちが作り出した富や権力、栄光を求め、そのために生きるとき、わたしたちは神にお返しすべきものを皇帝に返しているのです。神にお返しすべき命を、金銭欲や権力欲、名誉欲など、自分の欲望を満たすために使ってしまっていると言ってもよいでしょう。神のものを皇帝に返したり、自分自身のために横領したりしてしまっては、神がお喜びになるはずがありません。富や権力、栄光といったものに執着し、それを手に入れることを人生の目標にしないこと。皇帝が取り上げるなら、いつでも差し出すという覚悟でいることこそ、「皇帝のものは皇帝に」ということであり、わたしたちにふさわしい態度なのです。

皇帝のものを皇帝に返し、神のものを神に返すとき、わたしたちの手元には何も残りません。空っぽになったわたしたちの心を、ただすがすがしい喜びだけが満たすのです。それこそが、神の子の幸せだと言ってよいでしょう。わたしたちの命、わたしたちの人生は神のもの。そのことを忘れず、すべてを神にお返しできるよう祈りましょう。

聖霊を呼び出す

五旬祭の日が来て、一同が一つになって集まっていると、
突然、激しい風が吹いて来るような音が天から聞こえ、
彼らが座っていた家中に響いた。
そして、炎のような舌が分かれ分かれに現れ、
一人一人の上にとどまった。

（使２・１—３）

「激しい嵐」と「炎のような舌」によって、聖霊が弟子たちの上に降臨したと記されています。驚異的な出来事ですが、洗礼や堅信によって聖霊の恵みを受けているわたしたちにとって、聖霊を呼び出すのは、実はそれほど難しいことではありません。いつでもどこでも聖霊を呼び出すことができる、とっておきの方法をご紹介しましょう。

その方法とは、心を空っぽにすることです。心を空っぽにすれば、そこに必ず聖霊がやって来るのです。ある聖人は、「それは、大気中に真空ができれば、必ずそこに周りの空気が流れ込むのと同じくらい確実なこと」と言っています。

具体的にはどうしたらよいのでしょう。どうしたら心を空っぽにできるのでしょうか。わたしたちの心が一杯になるのは、何かにしがみついているからです。何かにしがみついているとき、わたしたちの心はしがみついているもののことで一杯になってしまうのです。心を空にするには、しがみついているものから手を放す必要があります。

たとえば、財産にしがみついている人は、どうやって自分の財産を守ろうか、財産を狙ってくる敵をどうやってやっつけようか、財産を使って何をしようか、というようなことで心が一杯になっています。聖霊が入ってくる空間はどこにもありません。そんなときには、財産への執着を手放し、「神さま、この財産はあなたがくださったものです。あなたのみ旨のままにお使いください」と祈りましょう。そうすれば、心に空間ができ、そこに聖霊が来てくださいます。

誰かへの憎しみに捕らわれている人は、憎い相手のことで心が一杯になっています。どうしたら相手をやっつけられるか、どうしたら相手の評判を落とせるか、どうしたら相手を葬り去ることができるか。そのような思いで心が満たされているので、聖霊が入ってくることができません。そんなときには、憎しみを手放し、「神さま、あの憎い相手もあなたの子どもです。あの人のことはあなたにお任せします」と祈りましょう。そうすれば、心に空間ができ、そこに聖霊が来てくださいます。

人前で緊張したときにも、聖霊を呼び出して助けてもらうことができます。失敗したらどうしよう、どうしたら自分をよく見せられるだろうというような思いで心が一杯だと、聖霊は入って来られません。そんなときには、自分をよく見せたいという思いを手放し、「神さま、わたしは所詮、欠点だらけの弱い人間です。あなたのみ旨のままにわたしをお使いください」と祈りましょう。それすれば、聖霊がやって来てわたしたちの心を満たし、話すべき言葉や行うべきことを行う力を与えてくださいます。

聖霊を呼び出すのは、本当に簡単なことです。しがみついているものから手を放し、神の手にすべてをお委ねすればよいのです。この方法をわたしたち一人ひとりが身に付け、教会を聖霊の風で満たすことができるよう祈りましょう。

3　使命を生きる

同じ人間として

イエスは洗礼を受けると、すぐ水の中から上がられた。
そのとき、天がイエスに向かって開いた。
イエスは、神の霊が鳩のように
御自分の上に降って来るのを御覧になった。そのとき、
「これはわたしの愛する子、わたしの心に適う者」
と言う声が、天から聞こえた。

（マタ3・16―17）

洗礼を受けるため罪人たちと共に列に並んだイエスに、ヨハネは「わたしこそ、あなたから洗礼を受けるべきなのに、あなたが、わたしのところへ来られたのですか」（マタ3・14）と言いました。これはもっともな疑問だと思います。イエスは神の子、救い主であり、イエスご自身には罪などなかったのです。それにもかかわらず、なぜイエスは洗礼の列にならんだのでしょうか。

あるお医者さんから、こんな話を聞いたことがあります。このお医者さんは、とても優秀な外科医で、たくさんの人たちを癌から救ってきた方でした。ところが、四〇代後半にして、自分自身が癌になってしまったのです。早期の発見だったので命に別状はありませんでしたが、彼はこの体験を通して、自分の根本的な思い違いに気づいたと言います。自分はこれまで「自分は優れた医者、この人はかわいそうな患者さん。だから助けてあげる」という態度で患者さんと向かい合ってきた。それでたくさんの人たちを助けてきたし、感謝されたが、当然のことをしたとしか思ってこなかった。それが、今度のことで、自分もいつ病気になるかわからない弱い人間であり、自分と患者さんの間に壁はないことに気づいた。今では「この人もわたしも、同じ弱い人間。苦しんでいるなら、放っておくことはできない」という気持ちで患者さんに接している。患者さんを助け、感謝されたときには、こんなわたしが誰かを救うことができたことに心から感謝するようになったというのです。自分自身の病気の体験を通して、彼がより親身に患者さんと関わる医師に成長したことは間違いありません。

イエスが罪びとの列に並んだのも、さらにその後、荒れ野で多くの誘惑を受けたのも、きっと似たようなことだったのだと思います。イエスは、罪びとたちの列に並ぶことで、自分もたくさんの弱さを抱えた人間の一人であることをしっかりと受け止めたのです。イエスは、「わたしは神の子だ。なんで罪びとの列に並ぶ必要がある。お前がわたしから洗礼を受けろ」とか「わたしがお前たちを癒やしてやる」というような態度ではなく、「わたしも弱い人間の一人として、罪びとの列に並ばせてほしい。洗礼の恵みを受けたい」という態度で生きることを選んだと言ってもよいでしょう。イエスは、上から目線で人を癒やすのではなく、「弱い人間同士。あなたが苦しんでいれば、放っておくことはできない」という思いでわたしたちを癒やす、「魂の医師」になることを望まれたのです。

そんなイエスに、天から「これはわたしの愛する子、わたしの心に適う者」という声が響きました。神がイエスを人間として地上に送り出したのは、まさに「同じ人間として」わたしたちに寄り添い、わたしたちを愛するためだったのです。わたしたちは、同じ人間でありながら、つい相手を見下し「自分は健全。あの人は病人」「自分は善人。あの人は罪人」というような態度で相手に接してしまいがちです。イエスの謙遜にならい、どんなときでも「たくさんの弱さを抱えた人間同士」という姿勢を忘れずに人と接することができるよう祈りましょう。

心に蒔かれた福音の種

神の国を何にたとえようか。どのようなたとえで示そうか。
それは、からし種のようなものである。
土に蒔くときには、地上のどんな種よりも小さいが、
蒔くと、成長してどんな野菜よりも大きくなり、
葉の陰に空の鳥が巣を作れるほど大きな枝を張る。

（マコ4・30―32）

神の国は、からし種のようなものだとイエスは言います。からし種は、蒔かれたときはどんな種よりも小さいけれど、育つと、見上げるほどの大木になる。わたしたちの心に蒔かれた福音の種、神さまの愛の種も、初めは小さいけれど、どんどん育って、やがては人々がその下で憩うほどの大木になるということでしょう。

イエスがガリラヤ湖のほとりで宣教を始めたとき、その活動はほんの小さな種のようなものでした。最初に出会った病人を放っておくことができず、愛に突き動かされてその人を癒やしたのです。すると、イエスのもとに次から次へと病人が運ばれてくることになりました。人々がどれだけ苦しんでいるかを知ったイエスは、「苦しんでいる人たち、救いを待っている人たちがいるのはこの町だけではない。他の町へも行こう」と言い、苦しんでいる人たちが待つ次の町へ、次の町へと旅を続けます。こうしてイエスの愛は、ガリラヤ地方全体を覆うほど大きく育っていったのです。イエスの思いに共鳴する人たちの輪がどんどん広がると、自分の行けないところにまで弟子たちを派遣するようになります。そして最後にイエスは、「全世界に行って、すべての造られたものに福音を宣べ伝えなさい」（マコ16・15）と言い残してこの世を去るのです。ガリラヤの一角から始まったイエスの愛、からし種のような愛が、世界中で苦しんでいるすべての人たちを覆いつくすほどの大木に成長したと言ってよいでしょう。

「苦しんでいる人たちを放っておくことはできない」という思いこそ、わたしたちの心に蒔かれた福音の種なのです。その思いの導くまま社会の片隅に追いやられた人たちのもとに出かけ、その人たちの苦しみに触れるとき、「この人のために何かしてあげたい」という気持ちはますます大きく育ってゆきます。どうしてそうなるのかは誰にもわかりませんが、わたしたちの心はそうなっているのです。

いまわたしが司牧している宇部・小野田の教会も、最初はこの地に蒔かれた「からし種」くらいの教会でしかありませんでした。宇部の炭鉱で働く人たちの疲れ切った姿を見た神父が、琴芝駅の近くで始めた家庭集会がすべての始まりだったのです。それがやがて宇部教会へと発展しました。さらに小野田のセメント工場で働く人たちも放っておけないという思いから北若山教会が作られ、高千帆教会が作られていったのです。すべて「苦しんでいる人たちを放っておくことはできない」という思いに駆られ、その思いが成長してゆく中で起こったことでした。

わたしたちの周りには、苦しんでいる人が他にもたくさんいます。心に蒔かれた福音の種、「苦しんでいる人たちを放っておくことはできない」という思いに導かれて進んでゆくなら、わたしたちの愛はもっともっと大きく成長し、わたしたちの教会ももっともっと大きく成長してゆくでしょう。わたしたちの心に蒔かれた福音の種を、力を合わせて育ててゆくことができるよう祈りましょう。

沖に漕ぎ出す

シモンに、
「沖に漕ぎ出して網を降ろし、漁をしなさい」と言われた。
シモンは、「先生、わたしたちは、
夜通し苦労しましたが、何もとれませんでした。
しかし、お言葉ですから、網を降ろしてみましょう」と答えた。
（ルカ5・4―5）

岸辺で漁をしていた漁師たちに、イエスは、沖に漕ぎ出すよう勧めます。安全な岸辺にとどまり、浅い所に網を投げていても獲れる魚は限られている。思い切って沖に漕ぎ出し、深い所に網を投げなさいということでしょう。人間を獲る、すなわち苦しみの中にいる人たちを救うためにも、「沖に漕ぎ出す」必要があります。自分の身を危険にさらすことなく、安全な岸辺にとどまっていては、福音のメッセージを相手の心の深みにまで届けることはできないのです。

沖に漕ぎ出すということは、これまで行ったことがない世界、未知の大陸に向かって旅立つということです。たとえば、今から四〇〇年以上前、フランシスコ・ザビエルら宣教師たちは、ヨーロッパから日本に向かって船出しました。嵐にあえば船団が全滅することも珍しくなかった時代です。危険な航海の果てに、日本に辿りついた宣教師たちを、人々は感嘆のまなざしで迎えたことでしょう。人々は、「なぜ、命がけでここまで来るのだろう。それほどまでにして伝えたいキリストの教えとは、いったい何なのだろうか」と、宣教師たちの教えに熱心に耳を傾け、こぞって洗礼を受けました。宣教師たちが投げた網、命がけで伝えた福音のメッセージは、人々の心の奥深くにまで届いたのです。

わたしたちが、現代の日本で宣教するときにも、ザビエルたちにならって「沖に漕ぎ出す」ことが必要だと思います。これまで通りのことを、同じように繰り返しているだけでは、決して魚は獲れないのです。「夜通し苦労しましたが、何もとれませんでした」と諦める前に、これまで出たことがない沖に向かって舟を漕ぎ出す勇気を持ちたいと思います。

それは、たとえば地震や水害などの被災者の方々のためのボランティア活動かもしれません。わたしたちが出かけて行くなら、「なぜ、こんなところにまでわざわざ来てくれるんだろう。この人たちを動かしている福音とは、一体何なのだろう」と興味を持つ人たちも出てくるかもしれません。自分の身を顧みることなく沖に漕ぎ出し、そこから投げる福音のメッセージだけが、相手の心の深みに届くのです。

それは、二〇〇〇年前にイエスがしたこととよく似ています。イエスが自分の故郷を離れ、貧しい人たち、差別の中で苦しんでいる人たちの中に出かけて行ったように、わたしたちも「沖に漕ぎ出す」ことが求められているのです。

では、どうしたら沖に漕ぎ出す勇気を持てるのでしょうか。イザヤの召命の場面に「わたしがここにおります。わたしを遣わしてください」（イザ6・8）という言葉があります。イザヤがこう言ったのは、闇の中で苦しんでいる人々を、何とかして救いたいという神さまの愛に心を動かされたからでしょう。人々の苦しみに共感し、神さまの思いに触れるとき、わたしたちは沖に向かって漕ぎ出さずにいられなくなるのです。神さまの思いをしっかり受け止め、沖に漕ぎ出して深い所に網を投げられるように、一人でも多くの人に福音を届けられるように祈りましょう。

弱い指導者

ペトロは、イエスが三度目も、
「わたしを愛しているか」と言われたので、悲しくなった。
そして言った。「主よ、あなたは何もかもご存じです。
わたしがあなたを愛していることを、
あなたはよく知っておられます」。
イエスは言われた。「わたしの羊を飼いなさい」。　（ヨハ21・17）

ペトロが三度、イエスとの関係を否定したのは事実です。でも、なぜイエスは三度も「わたしを愛しているか」と尋ねる必要があったのでしょう。それはきっと、ペトロに自分の弱さをしっかり思い出させるためだったと思います。他の誰よりもイエスを愛していると言いながら、命惜しさにイエスを裏切り、三度もイエスを知らないと言ったペトロ。その弱さを心に刻んで忘れないことが、これからリーダーとなるペトロにとって何より大切なことだとイエスは知っていたのです。

これは、ペトロの後継者であるローマ教皇のみならず、わたしのような小教区で働く神父に至るまで、教会で指導的な立場にあるすべての者が覚えておくべきことだと思います。わたしたちはつい、相手より自分を上に置き、優れた者が劣った者を指導するというような態度を取ってしまいがちだからです。たとえば、信徒から悩みを相談されたとき、話もよく聞かないうちに、「またですか。だからね、何度も言ってるでしょ。聖書にこう書いてあるじゃないですか」といった指導をしてしまうのです。これでは、イエスに従うことにならないでしょう。

もし自分自身の弱さを知り、自分も神にゆるしてもらった罪びとであることを忘れないならば、相手の話を聞くときの目線は、常に相手と同じ高さにあるはずです。何度も聞いて、絶対にしてはならないとよくわかっていながら、それでもつい同じ罪を犯してしまう。自分自身もそうだ、その気持ちはよくわかると相手の弱さにしっかり寄り添い、「それでも、神さまはわたしたちをゆるしてくださるのです。神さまの愛に信頼して、次の一歩を踏み出しましょう」と語りかけるのが、わたしたちに与えられた使命なのです。教会に求められているのは「強い指導者」ではなく、むしろ「弱い指導者」、自分の弱さを知って遜り、相手の痛みに寄り添う指導者だと言ってよいでしょう。

イエスはさらに、あなたは「年をとると、両手を伸ばして、他の人に帯を締められ、行きたくないところへ連れて行かれる」(ヨハ21・18)という預言さえ与えています。人々に寄り添いながら生きる人生の最期は、人々のために自分の命を差し出すことだというのです。地上での見返りを求めるなら、それはまったく無駄に終わります。踏んだり蹴ったりのようですが、「それでもよければ、わたしに従いなさい。それがわたしに従うということだ」と、イエスはペトロに諭したのだと思います。

これは、神父だけに求められることではないでしょう。信徒同士の関係にも、多かれ少なかれ当てはまることだろうと思います。互いに上から目線で罪を裁き合うのでなく、自分自身の罪深さを省みて相手の弱さに寄り添う。互いに、自分のことを最優先に考えるのではなく、相手のために自分を差し出してゆく。それこそ、すべてのキリスト教徒に求められていることでしょう。ペトロに向けられた三度の質問を、わたしたち自身に向けられた質問として受け止めることができるよう祈りましょう。

争いの原因

何が原因で、あなたがたの間に
戦いや争いが起こるのですか。
あなたがた自身の内部で争い合う欲望が、
その原因ではありませんか。

（ヤコ4・1）

弟子たちの間で、誰が一番偉いのかという言い争いが起こったという話が、聖書にたびたび登場します。家も財産も、すべてを捨ててイエスに従った弟子たちの間で、こんな争いがあるというのは意外です。しかも、弟子たちはイエスの一番近くにいて、「互いに愛し合いなさい」と繰り返し言い聞かされていたはずです。それなのに、なぜそんな争いが起こるのでしょう。

争いが起こる原因について、「あなたがた自身の内部で争い合う欲望が、その原因ではありませんか」とヤコブは指摘しています。誰かが「自分こそ、イエスさまの一番弟子だ」などと主張しても、「一番弟子とか二番弟子とか、そんなことはどうでもよい」と思っているなら、腹は立たないでしょう。腹が立つのは、わたしたちの中に、「自分も偉くなって、みんなから尊敬されたい。自分が一番弟子になりたい」という思いがあるからです。自分の中に相手と同じ欲望があるから、欲望と欲望が競い合い、わたしたちの間に争いが生まれるのです。

「あの人は、自分だけ目立とうとしている」と人の悪口を言う人の心の中には、「自分だって目立ちたい」という欲望があるし、「あの人は、モテようと思って気取っている」と人の悪口を言う人の心の中には、「自分だってモテたい」という欲望があります。すべての人が目立ったり、モテたりすることはできませんから、当然、欲望と欲望の間には競争が起こり、競争は妬みや怒り、争いを生み出します。これが、人間のあいだに争いが起こる根本的な理由だとヤコブは見抜いているのです。

「自分が偉くなりたい」と争い合う弟子たちに、イエスは、「いちばん先になりたい者は、すべての人の後になり、すべての人に仕える者になりなさい」（マコ9・35）と語りかけます。欲望を剝き出しにし、人を踏みつけてでも自分の欲望を満たそうとするような人は、神さまの前で少しも偉くない。むしろ、自分の欲望を捨て、家族や友人、助けを求めているすべての人々に献身的に奉仕するような人こそが偉いというのです。自分を忘れて愛する人こそが、神さまの前では一番偉いと言ってもよいでしょう。

　では、どうしたら欲望を捨てられるのでしょうか。そのためには、神さまの愛に満足することだと思います。「仲間のあいだで一番になる必要などまったくない。わたしは、イエスさまのそばにいて、イエスさまにお仕えできるだけで満足だ」と思えるようになれば、「偉くなりたい」という欲望は自然に消えます。もし、誰かに対して妬みや怒りが生まれたなら、それはまだ、わたしたちが神さまの愛で十分に満たされていない証拠。そんなときこそ、心を落ち着け、神さまに向かって心を開きたいと思います。心が満たされたなら、乱れた欲望は消え去り、欲望同士が争い合うこともなくなって、この世界に平和が実現するでしょう。わたしたち一人ひとりの心を、神さまが愛で満たしてくださるよう祈りましょう。

愛の実をつける

わたしはぶどうの木、あなたがたはその枝である。
人がわたしにつながっており、
わたしもその人につながっていれば、
その人は豊かに実を結ぶ。
わたしを離れては、あなたがたは何もできないからである。
（ヨハ15・5）

イエスとつながっていれば実を結ぶことができるが、離れてしまえば実を結ぶことはできなくなると語られています。実とはいったい何でしょう。その実は、わたしたちの心に宿ったイエスの愛から生まれる実。愛情がたっぷり込もった優しい言葉や親切な行いこそが、わたしたちのつける実だと考えたらよいでしょう。

たとえどんなに大きな実をつけたとしても、その中に愛がまったく込もっていないなら意味がありません。愛こそが、実をとって食べる人たちの命を養う栄養だからです。たとえば、奉仕活動でどこかに出かけても、「言われたので仕方なく嫌々やっています」という感じで、暗い顔で黙って食べ物を手渡すなら、受け取った人はあまりよい印象を持たないでしょう。「食べてお腹はいっぱいになったけれど、心は満たされない。誰もわたしのことを愛してくれない」、そんな気持ちになってしまいかねません。元気な笑顔を浮かべ、優しい言葉を添えて手渡せば、受け取った人は、お腹だけでなく心も喜びで満たされるでしょう。食べ物の栄養は、相手の体に力を与え、笑顔や言葉に込められた愛は、相手の心に力を与えます。大切なのは、どれだけたくさんの実を結ぶか、大きな実を結ぶかということではありません。どれだけ愛情たっぷり、栄養たっぷりの実を結ぶことができるかということなのです。

愛情たっぷり、栄養たっぷりの実を結ぶためには、木であるキリストとしっかりつながり、キリストの愛で満たされている必要があります。でも、どうしたらイエスとつながることができるのでしょう。そのためには、感謝することだと思います。イエスがどれだけわたしたちに豊かな恵みを与えてくださっているかに気づき、それに感謝する中で、わたしたちの心は神さまの愛に満たされてゆくのです。今日もこうして元気に一日を始められた。愛する家族と一緒に暮らすことができる。朝ごはんがおいしかった。そのような日常の出来事を一つひとつ感謝してゆく中で、わたしたちはキリストというぶどうの木にしっかりつながり、心を愛で満たされてゆくのです。逆に、感謝することを止め、何でも自分でできるかのような態度を取り始めるとき、わたしたちは木から離れ、枯れ始めるでしょう。謙虚な心で感謝する人だけが、にっこり笑顔を浮かべ、日ごとにたくさんの愛の実を結ぶことができるのです。

ぶどうの実は夏にしか実をつけませんが、キリストにつながっているわたしたちは、どんなときでも愛の実をつけることができます。イエスは、どんなときでもわたしたちの心に愛を注いでくださるからです。「いまは実をつける季節ではありませんから」ということは理由になりません。どんなときでも、神さまの愛に気づいて感謝できるように、喜びと力に満たされた心で愛の実を結ぶことができるように祈りましょう。

いつくしみの扉を開く

お前は生きている間に良いものをもらっていたが、
ラザロは反対に悪いものをもらっていた。
今は、ここで彼は慰められ、お前はもだえ苦しむのだ。
それればかりか、わたしたちとお前たちの間には大きな淵があって、
ここからお前たちの方へ渡ろうとしてもできないし、
そこからわたしたちの方に越えて来ることもできない。
（ルカ16・25―26）

地獄の炎に焼かれて助けを求める金持ちに、神は「わたしたちとお前たちの間には大きな淵がある」と答えます。淵とは何でしょうか。それはきっと、無関心でしょう。金持ちはラザロの苦しみにまったく関心がなく、ラザロに対して閉ざされています。その無関心が、暗い淵となってラザロと金持ちのあいだに広がっているのです。その淵は、神でさえ埋めることができません。その淵を越えられるものがあるとすれば、それは、貧しい人たちの苦しみに共感する愛だけでしょう。

カトリック教会では、紀元二〇〇〇年などの特別な年を「聖年」とし、その年に合わせて各地の教会で「聖年の扉」と呼ばれる特別な扉を開く習慣があります。その扉を通ることで、神の恵みの世界へと入ってゆく。そのような意味合いの習慣だと考えたらよいでしょう。神の恵みの世界に入るための扉は、実は、もう一つあります。それは、わたしたちの心の中にある、いつくしみの扉です。苦しんでいる人を見て、その人に対して心を開くとき、わたしたちは神の恵みの世界に足を踏み入れることができるのです。

神の恵みは、もちろん聖堂で祈っているときにも与えられます。神に自分を委ね、心を開くとき、開かれた心の扉から神の恵みが豊かに注がれるのです。でも、恵みが注がれるのは、天に向かって祈っているときだけではありません。目の前にいる兄弟姉妹や、苦しんでいる誰かに向かって心を開くとき、わたしたちの心に天からの恵みが豊かに注がれるのです。苦しんでいる誰かに心を開くとき、それまで、まったく思いもしなかったような気づきやひらめき、神の愛の深い実感、生きてゆくための勇気や希望などが天から降り注ぎ、わたしたちの心を満たすのです。心が通い合うとき、わたしたちのあいだに天国が生まれると言ってもよいでしょう。

これは、教会や幼稚園、刑務所などで司牧をしていて痛切に感じていることです。聖堂での静かな祈りと、苦しんでいる人々とのかかわりの中で生まれる祈り。その二つが司祭としてのわたしの霊的な支えなのです。

二つの扉は、表裏一体だとも感じます。どんなに神の前で祈ったとしても、苦しんでいる人に対して心を閉ざすなら、恵みの扉はぴしゃりと閉ざされ、神の恵みはもう注がれなくなります。何とかしてあげたいと思って、苦しんでいる人に対して心を開いたとしても、沈黙の中でしっかり祈っていないなら与えるものが何もありません。キリストの弟子として生きるためには、いつも、心の扉を二つの方向に向かって開いている必要がある。日々の生活の中でそう感じます。

このたとえ話の金持ちは、生きているあいだ門前で苦しんでいたラザロに心を閉ざし、死んだ後もラザロをまるで召使か何かのように思っていて、ラザロにまったく関心がありません。その無関心が金持ちを天国から遠ざけているのですが、そのことに気づかないのです。神の恵みの世界へと続く聖年の扉は、わたしたちの心の中にもあります。苦しんでいる隣人たちに向かって、いつくしみの扉を開くことができるよう神に祈りましょう。

不正にまみれた富

不正にまみれた富で友達を作りなさい。
そうしておけば、金がなくなったとき、
あなたがたは永遠の住まいに迎え入れてもらえる。（ルカ16・9）

「不正にまみれた富で友達を作りなさい」とイエスは言います。主人の財産を横領した上に、主人の債権を勝手に減らしたということですから、そんな管理人が褒められるのはおかしいとも思えます。ですが、「金がなくなったとき、あなたがたは永遠の住まいに迎え入れてもらえる」という言葉からわかるように、これは天国のたとえ話です。主人が神さまで、管理人がわたしたちと考えれば、きっと納得できるでしょう。

管理人ということで言えば、神父はこの話に一番ぴったり当てはまるかもしれません。神さまから信頼されて神父になったのだけれど、自分のことばかり考えて、せっかくいただいた恵みもすべて自分のために使ってしまう。教会のお金まで自分のために使ってしまう。そのような不正を働いていれば、やがて司教さまに見つかって解任されてしまうかもしれません。そんなときに、どうしたらよいでしょう。一つの方法は、解任されても困らないように、さらにたくさんの財産をごまかし、せっせと蓄えておくという方法です。普通に考えそうなことですが、これをやると、もし見つかったときには、「なんとずる賢い奴。お前にはもう任せられない」ということになりかねません。もう一つの方法は、神さまからいただいた霊的な恵みを、説教や司牧活動を通してみんなとわかち合うこと。自分に対して、あるいは神さまに対して罪の負債のある人がいれば、気前よくゆるしてあげることでしょう。この方法であれば、最初は「あれ、あの神父、近頃どうしたのかな」と不審に思われるかもしれませんが、やがては信徒からも愛されるようになるでしょう。神さまからも、これまでの罪を大目に見てもらえるかもしれません。

これは、神父に限らず、すべての人に当てはまる話でもあります。わたしたちの命、能力、時間などは、すべて神さまからお預かりしているものなのです。それを、すべて神さまのみ旨のままに管理していると言いきることができる人がいれば、その人は「不正でない管理人」です。でも、もしそう言いきれないとすれば、わたしたち自身も「不正な管理人」だと考えた方がよいでしょう。

「神さまの前に引き出され、人生の決算書を提出しなければならないときが近づいている。このままではまずい」と思ったなら、いまからでも遅くありません。この「不正な管理人」のように、友だちを作ること。神さまから預かった財産を、惜しみなく人々のために使ってしまうことだと思います。そうすれば、周りの人たちからも「最近、あの人変わったね」と言われて愛されるようになり、神さまからもこれまでの罪を大目に見てもらうことができるでしょう。

そもそも、人々にわかち合うのは、神さまから預かった財産の一番正しい使い方です。イエスは、それをわかりやすいたとえで思い出させてくれたのです。わたしたちが預かった命、能力、時間、すべては人々とわかち合うためのもの。本来の使命に立ち返り、たくさんの友だちと一緒に天の国に迎え入れていただくことができるように祈りましょう。

神さまからの預かりもの

モーセの律法に定められた彼らの清めの期間が過ぎたとき、
両親はその子を主に献げるため、エルサレムに連れて行った。
それは主の律法に、
「初めて生まれる男子は皆、主のために聖別される」
と書いてあるからである。
（ルカ２・22―23）

律法の定めに従い、ヨセフとマリアは「その子を主に献げるため、エルサレムに連れて行った」と書かれています。神さまに献げるといっても、そのまま神殿に置いてくるわけではなく、また連れて帰って自分たちが育てます。ですが、いったん献げた以上、子どもはもはや自分たちのものではなく神さまのものです。両親は、子どもを神さまからの預かりものとして連れ帰り、大切に育てるのです。

子どもはみな、神さまの子ども。親は、神さまから子どもを預かっているということを思い出させるこの習慣は、現代の親子にも大切なことを教えてくれると思います。親は子どもを、子どもは親を、互いに自分のものだと思い込み、相手に自分の期待を押し付けてしまいがちだからです。親子のあいだには、「わたしの子どもなのに、なぜこんなこともできないんだ」とか、「わたしの親なのに、なぜこんなこともしてくれないの」といった喧嘩が起こりがちなのです。「わたしの子どもなのだから」「わたしの親なのだから」と互いに大きな期待を押し付け合い、期待通りにならない相手に腹を立てる。それが、ほとんどの親子喧嘩の原因ではないでしょうか。

子どもは神さまからの預かりものだということさえ忘れなければ、子どもに自分の思いを押し付けることはなくなるでしょう。神さまからの預かりものである子どもを、神さまのみ旨のままに育てる。それが親に与えられた使命なのです。この使命を果たすためには、「わたしの方が人生経験を積んでいる。わたしの思った通りに生きるのが、子どもにとって一番よいことだ」という思い込みを捨て、謙虚な心で「神さま、この子どもをどう育てたらよいのでしょう」と、祈りの中で絶えず神さまに問いかける必要があります。神さまは、それぞれの子どもに、わたしたちの想像をはるかに越える救いの計画を準備しておられるからです。「わたしの子どもなのに、なぜこんなこともできないんだ」ではなく、「わたしの子どもなんだから、このくらいできれば上出来。神さまは、この子のためにどんな計画を準備しておられるのだろう」という目で子どもを見られれば、きっと気持ちが楽になるでしょう。

子どもも、自分たちの本当の親は神さまだということを忘れず、親に期待しすぎないことが大切だと思います。人間にすぎない親に、完璧を期待することなどできないのです。親も、神さまの前では一人の子ども、不完全な存在にすぎないということに気づき、「神さま、どうかこの親を救ってあげてください」と祈るとき、親子の間に和解が生まれるでしょう。

互いを神さまの手に委ねるとき、大きすぎる期待を捨て、互いをあるがままに受け入れ合うとき、家族の間に神さまの愛が宿ります。聖家族の模範にならい、神さまが預けてくださったかけがえのない子ども、神さまが与えてくださったかけがえのない親として互いを受け入れ合えるよう祈りましょう。

生きているパン

わたしは、天から降って来た生きたパンである。
このパンを食べるならば、その人は永遠に生きる。
わたしが与えるパンとは、
世を生かすためのわたしの肉のことである。

（ヨハ6・51）

「わたしは、天から降って来た生きたパンである」とイエスは言います。人間が生きてゆくためにどうしても必要な「命のパン」が愛ならば、イエスは「生きている愛」だということです。これまで天使や預言者たちの口を通して語られる言葉や、書物を通して知るだけだった神さまの愛が、イエスにおいて受肉し、目に見える姿をとった。わたしたちにほほ笑み、語りかけ、温かな手を差し伸べる、生きている愛になった。それが、イエスは「生きたパン」であるということの意味でしょう。

旧約の時代、長旅に疲れて道端で死を待っていたエリヤに、神さまは「起きて食べよ。この旅は長く、あなたには耐え難いからだ」（王上19・7）と呼びかけられました。旅を続けるために必要な食べ物を、エリヤのために準備してくださったのです。人生の長い旅を続けるわたしたちにも、神さまは同じ言葉をかけてくださいます。「この人生の旅は長く、あなたには耐え難い」とわたしたちに語りかけ、わたしたちのために食べ物を準備してくださる方、それが神さまなのです。それは、口から入る食べ物だけではありません。神さまは、口から入る食べ物だけでなく、わたしたちの心を支える糧も、日ごとに準備してくださいます。人々の心に宿って「生きたパン」となり、愛の力でわたしたちを支えてくださるのです。

神さまの愛は、わたしたち人間の心に宿って「生きたパン」となります。久しぶりに会った誰かに、真心をこめてにっこりほほ笑みかけるとき、病気で苦しんでいる誰かに、優しく労りの言葉をかけるとき、転んでいる人に、そっと助けの手を差し伸べるとき、わたしたちの心に神さまの愛が宿り、わたしたちは「生きたパン」になるのです。わたしたちを通して神さまの愛を食べた人たちの心は、喜びと力で満たされます。「わたしのことを、こんなにも大事にしてくれる人がいる。よし、今日も頑張るぞ」と、再び歩き出すことができるのです。「生きたパン」すなわち「生きている愛」こそ「命のパン」、わたしたちの人生の旅を支える魂の糧だと言ってよいでしょう。

わたしたちには、「生きたパン」として互いを支え合う使命が与えられています。この使命を果たすために何よりも必要なのは、わたしたち自身がイエスを通して、神さまの愛に養われていることです。わたしたちを「生きたパン」にするために、イエスは、今日も生きておられます。聖書を通してわたしたちに語りかけ、共に祈るわたしたちの間にいてわたしたちを支え、御聖体の姿となってわたしたちにご自分を与えてくださるのです。

祈りの中でイエスの生涯を味わい、神さまの愛で心を満たされるとき、わたしたち自身が「生きたパン」に生まれ変わります。神さまの愛の生きている証となって、出会う人たちの心を養うことができるよう、互いに支え合いながら、人生の道を歩み続けることができるよう祈りましょう。

4　神の栄光のために

自分自身の王になる

ピラトが、「それでは、やはり王なのか」
と言うと、イエスはお答えになった。
「わたしが王だとは、あなたが言っていることです。
わたしは真理について証しをするために生まれ、
そのためにこの世に来た。
真理に属する人は皆、わたしの声を聞く」。

（ヨハ18・37）

ピラトの問いに対して、イエスは自分が地上の王であることを否定しますが、「真理に属する人は皆、わたしの声を聞く」と答えました。地上の王は、権力に従属する人を支配します。しかし、イエスは、真理に従いたいと望む人を支配する王なのです。イエスはまず、ご自分の心を真理で満たし、ご自分の心に真理の支配を打ち立てました。そして、神の前に正しく、清らかな心で生きたいと願う者は、みなこぞってイエスに従ったのです。

イエスは、どのようにして自分の中に真理の支配を実現したのでしょう。公生活の始めに荒れ野で悪魔から誘惑されたとき、イエスが決して誘惑に屈しなかったことを思い出せばわかります。イエスは神のみ言葉を守って悪魔の誘惑と戦い、自分自身の心を守り抜きました。心が邪悪な思いによって蹂躙されることを決してゆるさなかったのです。これこそが、王であるキリストの最初の勝利でした。空腹や荒れ野の暑さに苛まれる過酷な戦いの中で、イエスはまず自分自身の心に真理の支配、「神の国」を打ち立てたのです。

真理に生きる人は、自分の心の中だけでなく地上にも真理を実現してゆきます。貧しい人たちが社会の片隅に追いやられて苦しんでいれば、出かけて行って「神は、そんなあなたたちこそ愛している」と告げずにはいられないし、思い上がって悪事を働く人たちがいれば、その人たちをも救うために出かけて行って神の前での謙遜を説かずにいられないのです。そのような行動の結果、イエスは十字架につけられました。それは、敗北に見えますが、実は勝利でした。暴力に対して暴力で立ち向かうことによっては、決して平和が実現することはないとわかっていたので、イエスはその真理に従ったのです。

わたしたちは、主であるイエスのしもべであると同時に、イエスと同じように王となる使命を与えられた者です。すべてのキリスト教徒は、洗礼によって神から王として生きる使命と、その使命を果たすための力、悪魔の誘惑に打ち勝つための力を与えられているのです。

真理による支配は、一日で実現できるものではありません。悪魔の大群は、日々攻め寄せてくるからです。「あの人だけは、何があっても絶対にゆるせない」とか、「悪いとはわかっているけれど、このくらいはまあいいだろう」というような考え方がわたしたちの心にやってくるときこそが、決戦のときです。悪魔は、怒りや憎しみを掻き立たり、動物的な欲望に訴えたりして、真理の支配を崩壊させようとします。怒りや憎しみに捕らわれて人を攻撃したり、欲望に負けて家族を裏切ったりすれば、わたしたちの負けです。

心に真理の支配が実現するとき、わたしたちは真理を生きる人になり、この世界に真理を実現してゆく人になります。王であるキリストに従って、わたしたちも自分自身の心の王となり、地上に「神の国」を実現するための戦いに参加できるよう祈りましょう。

悔い改めの報酬

友よ、あなたに不当なことはしていない。
あなたはわたしと一デナリオンの約束をしたではないか。
自分の分を受け取って帰りなさい。
わたしはこの最後の者にも、
あなたと同じように支払ってやりたいのだ。
(マタ20・13―14)

最初に来た者も、最後に来た者も、天国では同じように報われる。このたとえ話は、わたしたちにそのことを教えてくれます。福音の核心とも言うべき話ですが、誤解を招きやすく、理解するのが難しい話でもあります。「丸一日働いた人と、最後の数時間だけ働いた人で賃金が同じなんて不当だ。労働者の権利を無視している」という風に考えて、神さまに不信を抱いてしまう人も多いのです。この箇所は、本当に不当なのでしょうか。

第一に思い出さなければならないのは、これは「天の国」のたとえ話だということです。ぶどう園での労働は、神の子として自分に与えられた使命を果たすこと、賃金は永遠の命だと考えたらよいでしょう。幼児洗礼などで子どもの頃から教会に通い、神の愛を実践して生きてきた人も、死ぬ間際になって悔い改め、最後の数日だけ祈りと奉仕の日々を送った人も、神さまは同じように天国に迎え入れ、永遠の命を与えてくださいます。だから、悔い改めるのに遅すぎるということはない。今からでも神さまのぶどう畑に行き、雇っていただきなさい。それが、このたとえ話の中心的なメッセージです。

それでもなかなか割り切れず、「それなら、初めから働いた方が損じゃないか。わたしたちはこんなに頑張ったのに」とか「最後の最後になって悔い改めるのが得だ。いま悔い改めるのはやめておこう」などと考える人もいるでしょう。ですが、本当にそんなことが言えるでしょうか。子どもの頃から神さまの愛に触れ、隣人への奉仕を実践しながら生きてきた日々は無駄だったのでしょうか。「せっかくの日曜日を犠牲にして教会に通って、本当に損をした」「神の教えになんか従わず、自分のやりたいことをやって生きた方が得だった」などと言うことができるのでしょうか。

神の国のぶどう畑での奉仕には、それ自体として価値があるということを忘れないようにしたいと思います。神さまの愛の恵みの中で、家族や友人、教会の仲間たちと助け合って生きる日々は、それ自体が恵みであり、報酬なのです。わたしたちは、最後に報酬を受け取るだけでなく、日々、報酬を受け取っているのです。報酬を求めずに自分を差し出し、神さまのため、誰かのために役に立ったときに生まれる喜びこそが、わたしたちの報酬だと考えたらよいでしょう。神さまの愛に包まれて幸せに生きた人生の日々そのものが、わたしたちの報酬なのです。

最後のときまで待つ必要はありません。一日のうち何時でも、つまり人生のどのような段階でも、神さまのもとで働きたいと願って広場に行くなら、神さまは必ずその人を雇ってくださいます。わたしたちは、いつからでも、恵みの中で働く神の国の労働者になれるのです。神さまの気前のよさを妬むのではなく、むしろ感謝して悔い改めの恵みをいただくことができるように祈りましょう。

地に落ちてこそ

一粒の麦は、地に落ちて死ななければ、一粒のままである。
だが、死ねば、多くの実を結ぶ。
自分の命を愛する者は、それを失うが、
この世で自分の命を憎む人は、それを保って永遠の命に至る。
（ヨハ12・24―25）

地に落ちることで豊かな実りをもたらす麦のように、イエスはわたしたちのために死に、死ぬことによって豊かな愛の恵みを残してくださいました。わたしたちの人生も、自分の殻を破って光の中に出るとき、自分に死んで神のみ旨のままに生きるとき、豊かな恵みをもたらすものとなる。イエスの言葉と生涯は、わたしたちにそのことを教えてくれます。

五月下旬になると、県道沿いの畑で、金色に色づいた麦がさわやかな風に揺れているのを見かけます。とても美しい景色で、麦たちも気持ちよさそうにしているのですが、いつまでも楽しんでいるわけにはゆきません。麦たちはすぐに刈り取られ、一部の麦は地面に蒔かれることになります。地面に蒔かれない限り、成長して新しい実をつけることはできないからです。居心地がよいからといって高い所にいては、実をつけることができない。地面に蒔かれ、泥にまみれてこそ実を結ぶことができる。これは人間にも当てはまりそうです。

自分の殻に閉じ込もり、高い所から他の人を見下すような態度で生きている限り、わたしたちは何の実りももたらすことができません。地面に落ちて、自分自身の限界や、人間社会の汚い部分に直面して泥にまみれるときにこそ、わたしたちの中で新しい命が動き始めるのです。

社会に出た青年は、多くの場合、自分自身の無力さを思い知らされ、「自分は思っていたほどすごい人間ではない」と気づかされることになります。屈辱にまみれることによって自分の限界を知り、そこから新しい一歩を踏み出してゆくのです。

社会の中のさまざまな矛盾や悪に直面する中で、自分の人生にどんな意味があるのかと疑問を感じることもあるでしょう。ですが、そのような現実の泥にまみれる中で、青年は自分に与えられた本当の使命に気づきます。「こんなに弱いわたしでも、神さまから与えられた使命がある。よりよい世界を作り、誰かを幸せにするために、わたしにもできることがある」。そう気づいた青年は、そこから本当の自分になるための成長を始めます。泥にまみれるときにこそ、わたしたちの心に宿った永遠の命の種が動き始めるのです。

麦が蒔かれる場所を選べないように、わたしたちも生まれてくる国や家族などを選べません。ですが、どこに落ちても、落ちる場所は必ず神さまの愛の大地の上だということを忘れないようにしたいと思います。わたしたちが殻を破り、心を開けば、神さまの愛の大地がわたしたちの心を豊かな栄養で満たしてくれるのです。信じて心を開き、神さまの愛の大地にしっかり根を張ることで、わたしたちは成長し、たくさんの実をつける麦に成長してゆくことができるでしょう。

高い所にいる限り、麦は一粒のままです。地面に落ち、屈辱や汚れにまみれてこそ、麦は芽を出し育ち始めるのです。自分の殻を破って成長し、豊かな実りをもたらすことができるよう祈りましょう。

声を聞き分ける

わたしの羊はわたしの声を聞き分ける。
わたしは彼らを知っており、彼らはわたしに従う。
わたしは彼らに永遠の命を与える。
彼らは決して滅びず、
だれも彼らをわたしの手から奪うことはできない。

（ヨハ10・27―28）

「わたしの羊はわたしの声を聞き分ける」とイエスは言います。「聞き分ける」というのはとても大切な言葉です。キリスト教の世界では、神の声を聞き分けるという意味で「識別」という表現がよく使われます。聞こえてきた声がキリストの声なのか、それとも、欲望に引きずられ、感情にかき乱された自分自身の声なのかをしっかり聞き分け、ただキリストの声だけに従って歩んでゆく。しっかり識別をしながら歩んでゆくことで、わたしたちは命の水辺に行くことができるのです。

道に迷ったとき、人生の岐路で選択に迷ったときに、まず聞こえてくるのは、「どちらに行くのが安全だろうか。自分にとって得だろうか」という損得勘定の声でしょう。あるときは、Aの道の方がよく見えます。そちらの方が大きな利益や名誉をもたらしてくれるように思えるからです。ですが、あるときにはBの道の方がよさそうに見えるときもあります。そちらの方が、利益は少ないけれど安全に見えるからです。こうして、「Aの方がいいぞ」「でも、Bもなかなかのものだぞ」と呼びかける声。自分自身の損得勘定の声に耳を傾けているうちに、わたしたちはすっかり迷子になってしまいます。

ときには、「自分さえよければよい。他の誰かを利用してもかまわない」「ばれさえしなければ大丈夫」というような声が混じることもあります。これはもう、悪魔の誘惑と言ってよいでしょう。悪魔の誘惑は、とても甘くささやきかけますが、これに従ってしまえば、待っているのは苦しみと破滅だけです。

キリストの声は、それらの声を黙らせたときに、心の奥深くから響いてくる静かな声です。自分自身の利害損得を手放し、誘惑をきっぱり退けて、心を静かにしたときに心の奥深くから聞こえてくる声。それこそが、キリストの声なのです。キリストの声の第一の特徴は、その静かさだと言ってよいでしょう。心の表面に鳴り響く、欲望や感情の大きな声ではなく、心の奥深くから聞こえてくる静かな声に耳を傾ける。何よりそれが大切です。

キリストの声の第二の特徴は、愛情に満たされた優しさや温もりです。

キリストの声は、わたしたちを優しく包み込み、心に安らぎを与えてくれる声なのです。その声に耳を傾けるとき、心に喜びと安らぎが広がり、力が湧き上がるのを感じたなら、それはキリストの声だと思ってほぼ間違いないでしょう。

キリストの声に耳を傾けているとき、わたしたちの心の奥深くから湧き上がってくる喜びや力、安らぎ。それを、「命の水」と呼んでもよいかもしれません。キリストの静かな声を聞き分け、その声に導かれて心の奥深くに降り立つとき、わたしたちはそこに「命の水」が豊かに湧き出す泉を見つけるのです。「命の水」は、わたしたちの心の渇きを満たして不安や恐れを取り去り、疲れを癒やして再び立ち上がるための力を与えてくれます。損得勘定の声や誘惑の声に惑わされず、キリストの声を聞き分けられるよう祈りましょう。

愛の掟

「あなたはこの三人の中で、
だれが追いはぎに襲われた人の隣人になったと思うか」。
律法の専門家は言った。「その人を助けた人です」。
そこで、イエスは言われた。
「行って、あなたも同じようにしなさい」。
（ルカ10・36―37）

「何をしたら、永遠の命を受け継ぐことができるでしょうか」（ルカ10・25）という律法学者の質問に、イエスは「律法には何と書いてあるか」（ルカ10・26）と答えます。律法学者なら、そのくらい知っているだろう。何でそんなことを聞くんだ、ということでしょう。案の定、律法学者は正しい答えを知っていました。それでも、自分を正当化しようとしてしつこく食い下がる律法学者に、イエスはたとえ話を聞かせ、「だれが追いはぎに襲われた人の隣人になったと思うか」と尋ねます。「あなたはどう思うのか」、つまり「自分の心に聞いてみなさい」ということです。律法学者は、再び正しい答えを出します。結局、律法学者は、イエスに聞くまでもなく、「永遠の命を受け継ぐ」ために必要なことを知っていたのです。知っているけど、なかなか実行できない。だから、理屈をこねて、実行しなくてよいことにしてしまいたい。それが、律法学者の本音だったのでしょう。

このたとえ話は紙芝居や絵本にしやすいので、幼稚園でもよく子どもたちに話します。三人のそれぞれの対応を話して、「この中で、よいことをしたのは誰かな」と聞くと、どんなに小さな子どもでも「助けてあげた人」と答えます。どんなに小さな子どもでも、何がよいことで、何が悪いことかを知っているのです。「御言葉はあなたのごく近くにあり、あなたの口と心にあるのだから、それを行うことができる」(30・14)と申命記にありますが、人間の心には、すでに生まれたときから、何がよいことで、何が悪いことなのかが書き込まれているようです。「人を傷つけたり、苦しんでいる人を放っておいたりしてはかわいそう。かわいそうなことはすべきでない」という掟。これこそが、すべての人間の心に刻まれた愛の掟ではないでしょうか。この掟に従うときにこそ、わたしたちは互いに助け合い、労り合って、幸せに生きることができるのです。

「掟」というと何か怖い感じがしますが、わたしたちの心に書き込まれていることを、「心の取り扱い説明書」と呼んでもよいかもしれません。説明書に書いてあることに従えば、わたしたちは自分の心を一番よく使い、最も幸せに生きられるのです。逆に、説明書を無視して好き勝手な使い方をすれば、きっと心は途中で壊れてしまうでしょう。心の説明書をよく読むこと。自分の心としっかり向かい合い、心に刻まれた愛の掟に従って行動することこそが、わたしたちが幸せになるための唯一の道なのです。

大人になるにつれて、わたしたちは、子どもでも知っている単純な「愛の掟」、心の取り扱い説明書を守れなくなってゆきます。それは、だんだんエゴが育ち、「自分さえよければよい」という考えに流されてゆくからでしょう。心に刻まれた愛の掟を素直に受け入れ、それを生きるための勇気と力を神に願いましょう。

末席に着く

招待を受けたら、むしろ末席に行って座りなさい。
そうすると、あなたを招いた人が来て、
「さあ、もっと上席に進んでください」と言うだろう。
そのときは、同席の人みんなの前で面目を施すことになる。
だれでも高ぶる者は低くされ、へりくだる者は高められる。

（ルカ14・10—11）

宴会に招かれた人たちが、みな上座に着きたがるのを見て、むしろ「末席に行って座りなさい」とイエスは言います。この箇所では、人間の目から見ても、偉そうにしている人はかえって恥をかくということが語られていますが、イエスが一番言いたいのは、むしろ神さまの目から見たときにどうかということでしょう。神さまの目から見たとき、本当に偉いのは、自分のことよりも他者のことを先に考えられる人、他者のために自分を喜んで犠牲にできる人なのです。わたしたちが互いに競い合い、踏みつけ合うなら神さまは悲しまれる。わたしたちが愛し合い、支え合うなら神さまは喜ばれる。このキリスト教の大原則を、イエスは身近な場面を例に使って説明してくださったのです。

宴席でどちらが上座に着くかという場面はあまりないかもしれませんが、同じような場面は身近なところにもたくさんあります。たとえば、職場や学校、教会などの会議の席で、自分の意見を何とか通し、相手の上に立とうとするような争いが起こることはあるでしょう。感情的になって相手の意見を否定し、最後には相手の人格まで攻撃して、何とか自分が上に立とうとする。それは、まさに「上座」をめぐる争いに他ならないと思います。会議だけではありません。食卓での家族の会話や、友人たちとのおしゃべりの中でも、同じようなことは起こりえます。頭では謙虚な人でありたいと思いながらも、わたしたちはつい、神さまのこと、周りの人たちのことよりも自分のことを先に考え、我を張ってしまいがちなのです。

人の上に立ちたい、自分の思いを通したいというような気持ちが湧き上がってきたときには、「神さまはそれを望んでおられるだろうか」と考えるようにしたらよいでしょう。何より大切なのは、我を通すことではなく、神のみ旨を実現すること。「神の国」の平和を実現することによって、神さまを喜ばせることだからです。

たとえば、誰かから厳しい言葉で批判されると、つい感情的になって強い言葉で言い返したくなります。ですが、そんなことをすれば、争いは大きくなるばかり。相手との関係はますます悪くなるし、共同体の平和を損なうことで他の人たちにも大きな迷惑をかけることになるでしょう。神さまはそんなことを望んでおられません。何か重大な問題が話し合われていて、明らかに神のみ旨に反する決定が行われようとしているような場合は別ですが、単に自分のプライドの問題ならば、「ああ、この人は上席に着きたいのだな。ならば、喜んで譲ってあげよう」と席を譲ってしまうのが一番です。

上席を喜んで譲ることで神の愛を実現する人は、神さまから喜ばれると同時に、周りの人たちからも愛されます。その場では相手が勝ったかのように見えるかもしれませんが、長い目で見たとき、本当の意味で勝ったのは譲った人の方なのです。神さまを喜ばせるために進んで末席に着く人、そうすることで神の愛をこの地上に実現する人になれるよう祈りましょう。

しもべを迎え入れる

収穫の時が近づいたとき、
収穫を受け取るために、僕《しもべ》たちを農夫たちのところへ送った。
だが、農夫たちはこの僕たちを捕まえ、
一人を袋だたきにし、一人を殺し、一人を石で打ち殺した。
（マタ21・34―35）

ぶどう畑の収穫を受け取るために主人が遣わしたしもべを、この農夫たちは袋叩きにし、挙句の果てに殺してしまいました。恩知らずな、ひどい農夫たちです。「わたしは絶対、そんなひどいことはしない」と思う人もいるでしょう。ですが、本当にそうでしょうか。よく考えると、わたしたちも日常的にこのようなことをしている気がします。主人を神さま、主人がよく手入れして貸したぶどう園をわたしたちの人生、収穫をわたしたちの人生の実りと考えてみたらどうでしょうか。

神さまは、わたしたちのもとにしもべを遣わし、収穫を受け取ろうとします。わたしたちが蓄えた財産や身に付けた知識、経験、あるいは心を満たしている愛や幸せ、安らぎなどといった人生の実りから、主人である神さまが受け取るべき正当な取り分を受け取るためです。そのしもべが、貧しい人々、助けを必要としている人々に他なりません。経済的な困窮や病気、人間関係のトラブルなどで苦しみ、助けを必要としている人たちがわたしたちのもとにやって来たなら、その人たちこそ、神さまが送り出したしもべなのです。わたしたちは、しもべたちにどう対応しているでしょう。「ちょっと忙しいので」「また今度ね」、あるいは口先だけで「お祈りしていますよ」などと言って、追い返してしまうことはないでしょうか。「あの人はあつかましい。わたしたちの邪魔ばかりする」などとみんなで悪口を言って袋叩きにしたり、何もしないで見殺しにしたりすることはないでしょうか。

しもべたちが去ったあとで、神さまの跡取り息子であるイエスご自身がやって来ます。イエスは、しもべたちと違って、わたしたちの心の中に直接やって来ます。心の中に現われて、「いまのあなたの態度は、本当によかったのですか」「あなたはあの人を助けるべきではありませんでしたか」「もっと時間を割いてやるべきではありませんでしたか」としつこく付きまとってくるのです。何度追い払っても、イエスは必ずまたやって来ます。この取り立てにどうこたえるかが決定的に重要です。もし跡取り息子であるイエスさえも追い払うなら、待っているのは厳しい裁きだけでしょう。

もしイエスの取り立てを受け入れて、神さまの取り分を差し出すなら、貧しい人や困っている人に手を差し伸べるなら、神さまは必ずゆるしてくださるに違いありません。

わたしたちは、この人生というぶどう園を借りた農夫にすぎないということを忘れないようにしたいと思います。体も、さまざまな能力も、家庭環境や生まれてきた国も、自分で準備したものではありません。身に付けた知識や経験、手に入れた財産や地位はもちろん、わたしたちの心を満たしている愛や幸せ、安らぎさえも、すべてぶどう園の実りです。収穫の恵みを喜んで差し出すのは、当然のことでしょう。貧しい人々や助けを必要としている人々の取り立て、イエスの取り立てにしっかり耳を傾け、差し出すべきものを差し出すことができるよう祈りましょう。

命をかち取る

ある人たちが、神殿が見事な石と奉納物で
飾られていることを話していると、イエスは言われた。
「あなたがたはこれらの物に見とれているが、
一つの石も崩されずに他の石の上に残ることのない日が来る」。

（ルカ21・5―6）

これまでに積み上げてきたものがすべて崩されるばかりか、人々から裏切られ、罵られるときが必ずやってくる。だが、神は決してあなたたちを見捨てない。「忍耐によって、あなたがたは命をかち取りなさい」（ルカ21・19）とイエスは言います。最後まで諦めず、神から与えられた命を精いっぱい生き抜きなさいということでしょう。

天地が揺れ動き、疫病や大戦が命を脅かす。わたしたちが生きている間に、そのような終末がやってくる可能性は低いでしょう。ですが、わたしたち一人ひとりに、確実にやってくる終末があります。それは肉体の死です。年を取るにつれて、わたしたちの体は少しずつ衰えてゆきます。磨き上げてきた能力や、積み上げてきた経験なども、少しずつ失われ、崩れてゆくのです。何かができること、何かを持っていることを誇るなら、それらは老いと死によってすべて奪い去られることを覚悟しておかなければなりません。

裏切りや迫害も、やってくるかもしれません。元気で力があった頃には集まってきた人たちが、老いて力を失ったり、病に倒れたりすれば、もう姿を見せなくなる。もの忘れや勘違いがひどくなってくれば、家族からさえ、「またおじいちゃんがこんなことして」などと見下されたり、罵られたりする。体が思った通りに動かなくなり、長期の入院や施設への入所を余儀なくされる。残念ながら、そんなことは起こりがちなのです。

そう考えると、老いること、死ぬことが恐ろしくなってきます。ですが、どんな迫害が起こったとしても、何も心配する必要はないとイエスは言います。そのときになれば、必要な知恵と言葉が必ず与えられるというのです。物忘れがひどくなってくればなってきたで、そのことを安らかな気持ちで受け入れ、幸せに暮らしてゆく方法はあるし、病気で体が動かなくなればなったで、幸せに暮らしてゆく方法はあります。そのときにすべきこと、家族や友人、周りの人たちに語るべき言葉は、そのときになれば神さまが教えてくださる。いまから心配する必要はない。イエスの言葉は、わたしたちにそう語りかけているようです。

大切なのは、忍耐ということだと思います。体が衰え、若さを失ったとしても、決して悲観しない。これまではできたことができなくなったとしても、自分に対していら立たない。人から見下されたとしても、決して腹を立てない。何があっても神さまはわたしを見捨てることがないと固く信じ、神さまの愛に包まれて、いつも心に希望の火を燃やし続けている。自暴自棄にならず、この地上で自分に与えられた使命を、最後の瞬間まで果たし抜く。それが、忍耐するということであり、「命をかち取る」ということだとわたしは思います。最後まで自分の命を生き抜いた人に、神は永遠の命を与えてくださるのです。「忍耐によって命をかち取る」ことができるよう、心を合わせて祈りましょう。

聖なる沈黙

祭司長たちも律法学者たちや長老たちと一緒に、
イエスを侮辱して言った。
「他人は救ったのに、自分は救えない。
イスラエルの王だ。今すぐ十字架から降りるがいい。
そうすれば、信じてやろう」。

（マタ27・41―42）

「主なる神が助けてくださるから、わたしはそれを嘲りとは思わない。……わたしは知っている、わたしが辱められることはない」（イザ50・7）、イザヤが語るこの言葉は、どれほど侮辱されても一言も言い返さないイエスの姿と重なります。人々の魂を救うという大いなる使命のためならば、どんな侮辱にも耐えてみせる。神が必ず自分の正しさを証明してくださる。イエスの沈黙は、そのような固い決意と信仰を表しているように思います。もしここでイエスが、ファリサイ人や兵士の言葉に腹を立て、自分のプライドを守るためにいちいち反論したならどうだったでしょう。人々は大きく失望し、イエスは救い主としての使命を果たすことができなかったに違いありません。黙ってあらゆる侮辱に耐えることができたのは、イエスが自分のためではなく、人々の魂の救いのために生きていたことのまぎれもない証です。人々を救うためならば、自分などはどれだけ侮辱されてもかまわない。イエスは、そう思ってじっと沈黙を守ったのです。

わたしたちも、このような覚悟を持ちたいと思います。たとえば、子どもから批判されたとき。どんなに腹が立ったとしても、子どもを育てるという大いなる使命を思い起こせば、怒りを心から追い払うことができるでしょう。腹を立て、自分のプライドを守るためにむきになって反論することは、果たして子どもの魂の救いのために役に立つのかと考えればよいのです。自分のプライドを守るために、子どもを傷つけるようなことがあってはなりません。わたしたちの使命は、子どもの魂を守り、救いへと導くことなのです。

あるいは、会社で上司から罵倒されたとき。どんなに腹が立ったとしても、自分は人々の魂の救いのために派遣されたキリストの弟子だということを思い出せば、怒りを心に入れずにすませられるでしょう。むきになって反論したり、陰でその上司の悪口を言ったりすることは、果たして上司や同僚たちの魂の救いのために役に立つのかと考えたらよいのです。自分のプライドを守るためではなく、人々の魂の救いのために一番ふさわしい言葉を語り、行動を取る。それが何よりも大切なことなのです。

もちろん、どんな場合でもただ我慢すればよいという訳ではありません。侮辱に対して反論が必要なこともあるでしょう。ですが、どんな場合であっても、わたしたちから出る言葉は、自分のプライドを守るためではなく、神さまから与えられた使命を実現するための言葉でなければなりません。和解やゆるし、愛の交わりを実現する言葉だけを、わたしたちは語るべきなのです。

神さまから与えられた使命を守るために黙っている限り、わたしたちは辱められることがありません。神さまから与えられた使命を忘れ、自分のプライドを守るために反論すれば、逆に自分で自分を辱めることになります。十字架上のキリストの模範にならって、神のみ旨を実現する「聖なる沈黙」を守ることができるよう祈りましょう。

起きよ、光を放て

起きよ、光を放て。あなたを照らす光は昇り、
主の栄光はあなたの上に輝く。
見よ、闇は地を覆い、暗黒が国々を包んでいる。
しかし、あなたの上には主が輝き出で、
主の栄光があなたの上に現れる。

（イザ60・1—2）

「起きよ、光を放て」と、神は預言者イザヤを通して人々に語りかけました。暗闇が地を覆う中で、イスラエルの上に主の栄光が輝き出た。その光を受け、この地上を照らせということでしょう。主である神の栄光は、神を信じて生きる私たちを通してこの地上に輝くのです。

そのようにして主の栄光をこの地上に輝かせた人が、教会の歴史の中に無数にいます。たとえばアウシュビッツの殉教者、コルベ神父。コルベ神父は、処刑されようとしている仲間の身代わりになり、餓死室に入れられました。それだけでなく、餓死室に入ってからも仲間たちを励まし、最期のときまで神に祈りを捧げ続けたということです。飢餓の中で死んでゆくのが確実な状況にあっても、コルベ神父は神にすべてを委ね、最後まで希望を捨てることがありませんでした。その姿は、同じ部屋に入れられた仲間たちを励まし、この地上に神の栄光を輝かせました。その光は語り継がれ、今日に至るまで多くの人の心を照らしています。

有名な聖人たちだけではありません。わたしの友人の一人は、二〇代で癌の診断を受け、苦しい闘病生活を送ることになりました。再発し、転移が発見され、状況は次第に悪くなってゆきましたが、彼女は最後まで希望を失うことがありませんでした。げっそり痩せて髪も抜け、快復の見込みも立たず、自分も苦しい状況のはずなのに、同じ病室の仲間を気遣い、穏やかな笑顔を浮かべ続けたのです。「すべては神さまの手の中にあります。心配はいりません」というのが、彼女の口癖でした。そんな彼女の姿は、同じ病室にいた人たちの心を励ましました。神に希望を置いて生きる彼女の姿を通して、この地上に神の栄光が輝いたのです。彼女は天に召されましたが、あの頃の彼女の姿はわたしたちの心に刻まれ、今もわたしたちの心を照らしています。

主の御公現の祭日に、わたしたちは、東の国の王たちが、遠くに輝く星の光に導かれて幼子イエスを訪問したことを記念します。「起きよ、光を放て」というイザヤの言葉は、わたしたち一人ひとりが星となり、王たちを引き寄せたのと同じ光を地上に放てという招きだと考えてもよいでしょう。コルベ神父がそうであったように、若くして癌で亡くなった友人がそうであったように、どんな困難に直面しても諦めず、神に希望を置いて生きる人の姿は、周りにいる人たちの心を希望の光で照らします。その光を見た人は、「なぜあの人は、こんな状況の中で、あんなに穏やかな笑顔を浮かべられるのだろう」と問ううちに、その光の源がイエス・キリストであることに気づくのです。

自分で自分を輝かせる必要はないし、自分で作った光では人々の心を惹きつけることができません。地上の栄光によって自分で自分を輝かせても、それは人々に希望を与える光にはならないのです。苦しい状況にありながらも、神の手にすべてを委ねて生きる人を通してだけ、天上の光、主の栄光がこの地上に輝きます。コルベ神父のように、帰天したわたしの友人のように、神の手にすべてを委ねて生きることによって、地上に神の栄光を輝かせられますように。

おわりに

高校生のときに聖書と出会い、ページをめくり始めてから三〇年あまりが過ぎましたが、何度読み返しても新しい発見があるのに驚きます。神さまは、わたしたちの成長や、そのときそのときに置かれている状況に応じて最も必要なことを、聖書を通してわたしたちに語りかけてくださるようです。聖書を読むときに何より大切なのは、先入観を持たないこと。心を空っぽにして、そのときそのとき神さまがわたしたちに語りかけてくださるメッセージに、しっかり耳を傾けることだと言ってよいでしょう。

キリスト教の伝統の中に、「レクチオ・ディビナ」（霊的読書）と呼ばれる、四段階での聖書の読み方があります。一人で聖書を読むときのために、ご参考までに紹介しておきましょう。第一段階は、注解書などを使いながら、聖書の言葉の意味をしっかり理解することです。イエスが今から二〇〇〇年前に、パレスチナの地で、弟子たちに、人々に何を語ったのか、その歴史的な意味を理解すると言ってもよいでしょう。

第二段階は、その言葉を通してイエスがいま、ここで、わたしたちに向かって何を語っているかを思い巡らすことです。聖書を読んでいてどこか一節が心に留まったなら、「神さま、なぜいま、この一節が心に留まったのでしょう。この一節を通して、あなたはわたしに何を語りたいと望んでおられるのですか」と神さまに問いかけてみましょう。そして、その問いに神さまがこたえてくださるのを、心を空っぽにして待ちましょう。誰かと真剣に対話するときと同じように、あれこれ考えるのをやめ、神さまが口を開いて語ってくださるのをじっと待つのです。

第三段階は、神さまが語ってくださったメッセージを受け止め、そのメッセージを実践していくために必要な恵みを祈り求めること。第四段階は、聖書の言葉を通してあふれ出す神さまの愛に、すっかり身を委ねることです。自分の存在そのものを、祈りとして神さまにお捧げすると言ってもよいかもしれません。

日々、そのようにして聖書と向かい合い、神さまと対話するうちに、わたしたちの人生は聖書の中に溶け込んでゆきます。いまここで生きるわたしたちの日々が、二〇〇〇年前、イエスに従ってパレスチナの地を旅してまわった弟子たちの日々と、一つに重なってゆくのです。そのとき、イエスは本当の意味で、わたしたちの師となり、友となるでしょう。聖書と共に、イエスと共に人生の旅を続けたいと願うわたしたちを、神さまがこれからも守り、導いてくださるよう心から祈ります。

二〇二〇年一月一二日

片柳弘史

【著者紹介】

片柳弘史（かたやなぎ・ひろし）

1971年埼玉県上尾市生まれ。1994年慶應義塾大学法学部法律学科卒業。1994年–95年インドのコルカタにてボランティア活動。マザー・テレサから神父になるよう勧められる。1998年イエズス会入会。現在は山口県宇部市で教会の神父、幼稚園の講師や刑務所の教誨師として働く。
著書に『世界で一番たいせつなあなたへ――マザー・テレサからの贈り物』『何を信じて生きるのか』（いずれもPHP研究所）、『こころの深呼吸――気づきと癒しの言葉366』『始まりのことば――聖書と共に歩む日々366』『ぬくもりの記憶』『やさしさの贈り物――日々に寄り添う言葉366』『日々を生きる力――あなたを励ます聖書の言葉366』（いずれも教文館）ほか。

あなたはわたしの愛する子

心にひびく聖書の言葉

2020年3月20日　初版発行
2023年3月20日　2版発行

著　者　片柳弘史
発行者　渡部　満
発行所　株式会社　教文館
〒104-0061 東京都中央区銀座4-5-1 電話 03(3561)5549 FAX 03(5250)5107
URL　http://www.kyobunkwan.co.jp/publishing/

印刷所　モリモト印刷株式会社

配給元　日キ販　〒162-0814　東京都新宿区新小川町9-1
電話 03(3260)5670　FAX 03(3260)5637

ISBN 978-4-7642-6466-3　Printed in Japan